Barbara Götz

Bausteine des Stärkens

Ein Praxishandbuch für die Anleitung zur Selbstbehauptung von Frauen und Mädchen mit und ohne Behinderungen

Barbara Götz

Bausteine des Stärkens

Ein Praxishandbuch für die Anleitung
zur Selbstbehauptung von Frauen und Mädchen
mit und ohne Behinderungen

Mit einem Beitrag von Regina Götz

Unser Buch-Shop im Internet
www.verlag-modernes-lernen.de

Externe Links
Der Verlag weist ausdrücklich darauf hin, dass eventuell im Text enthaltene externe Links vom Verlag nur bis zum Zeitpunkt der Buchveröffentlichung eingesehen werden konnten. Auf spätere Veränderungen hat der Verlag keinerlei Einfluss. Eine Haftung des Verlages ist daher ausgeschlossen.

Veröffentlicht in der Edition:
verlag modernes lernen Borgmann GmbH & Co. KG
Schleefstraße 14 • D-44287 Dortmund

Titelgrafik: © venimo – stock.adobe.com
Illustrationen: Sybille Hauck, Ostfildern

Gesamtherstellung in Deutschland: Löer Druck GmbH, Dortmund

Bestell-Nr. 3661 ISBN 978-3-8080-0891-1

Inhalt

1. Einleitung: Sicherheit und Selbstbewusstsein vermitteln 7

2. Selbstbehauptung und Selbstverteidigung trainieren 9

2.1 Grundlagen 9

2.2 Achtung Teilnehmerinnen: Was muss die Trainerin beachten? 12

3. Inhaltliche Bausteine: Strategien und Verhaltensweisen 17

3.1 Eine Bandbreite an Möglichkeiten 17

3.2 Flucht 18

3.3 Laut werden und Schockschrei 20

3.4 Sicherheitsabstand und Distanzen 28

3.5 Körpersprache und Haltung 35

3.6 Nein sagen 53

3.7 Eskalation und Deeskalation 75

4. Der Angriff gegen meine Seele 83

4.1 Beleidigungen und Abwertungen 83

4.2 Gefühle und Berührungen – Was sagen sie aus und wie gehe ich damit um? 94

4.3 Umsetzung im Rollenspiel 105

4.4 Geheimnisse und Hilfe holen 112

4.5 Opferklau und Helfen 121

5. Wie funktioniert Stärken? Prinzipien der Vermittlung 129

5.1 Rahmen und Rituale: Grundlegendes zu den Kurseinheiten ... 129

5.2 Methodische Tipps und Tricks ... 132

5.3 Methodik der Rollenspiele ... 135

5.4 Zur Position der Trainerin und Kursleiterin ... 140

5.5 Erfahrungsberichte als Rollenspiele ... 143

5.6 Exkurs zu Triggern und getriggert sein: Frauen oder Mädchen erinnern sich an Übergriffe ... 146

6. Körperliche Abwehrhandlungen: Ausgewählte Techniken ... 151

6.1 Warum sind Techniken wichtig? ... 151

6.2 Erklärung der einzelnen Techniken ... 152

7. Fragen der Teilnehmerinnen *(Regina Götz)* ... 155

7.1 Darf ich mich wehren? Warum? ... 155

7.2 Was passiert, wenn ich mich gewehrt habe und der andere ist tot oder schwer verletzt? ... 159

7.3 Kann derjenige mich anzeigen? ... 159

7.4 Was passiert, wenn ich die Polizei anrufe? Was passiert, wenn ich Anzeige erstatte? ... 159

Literatur ... 163

1. Einleitung: Sicherheit und Selbstbewusstsein vermitteln

In diesem Buch geht es darum, wie mit Strategien der Selbstverteidigung und Selbstbehauptung Frauen und Mädchen mit und ohne Behinderungen Sicherheit und Selbstbewusstsein vermittelt werden kann. Es richtet sich an alle, die mit diesen Gruppen arbeiten und denen es ein Anliegen ist, deren Selbstsicherheit zu stärken.

Die folgenden Kapitel liefern notwendiges Handwerkszeug. Hierbei sind die Inhalte so aufbereitet, dass sie konsequent auf deren Vermittlung und die dafür notwendigen Methoden ausgerichtet sind. Alle empfohlenen methodischen Vorgehensweisen haben sich vielfach in der Praxis bewährt. Dadurch ist eine Praxisnähe stets gegeben. Jedes Thema besteht aus einem Theorieteil sowie der entsprechenden Methodik zur Umsetzung. Ziel ist es, dass Fachkräfte ihn ihrer täglichen Arbeit die aufgeführten Übungen direkt einsetzen können.

Selbstbewusstes Auftreten beruht auf bestimmten Verhaltensweisen. Diese gilt es, zu erkennen und zu trainieren. Der Fokus liegt hierbei auf der Vermittlung sowie der frühzeitigen Identifizierung von Fallstricken und deren Vermeidung.
Mit den Frauen und Mädchen kann so ein Verhalten eingeübt werden, dass es ihnen ermöglicht, situations- und beziehungsangemessen auf Übergriffe körperlicher und sexualisierter Gewalt zu reagieren sowie Selbstbewusstsein, Sicherheit und innere Stärke auszustrahlen.

Die Besonderheit dieses Buches liegt darin, dass das Wissen, das in den letzten zwei Jahrzehnten von uns als Trainerinnen entwickelt und erprobt wurde, in praxisnaher Form aufbereitet wird. Daher möchte ich an dieser Stelle auf die beiden Trainerinnen und Freundinnen verweisen, von deren Kooperation ich und damit dieses Buch am meisten profitiert haben: Gabi Späth, meine Kollegin bei Kursen für Mädchen und Frauen ohne Behinderungen und Borghild Strähle, mein Kollegin bei Kursen für Frauen und Mädchen mit Behinderungen.

2. Selbstbehauptung und Selbstverteidigung trainieren

2.1 Grundlagen

Vorgehen
Im Folgenden gehe ich auf die grundlegenden Überlegungen ein, die die Strukturierung und Aufbau der Kurse bestimmen. Die Problemstellung ist: Selbstbehauptung bezieht sich auf Situationen, in denen ich mich wehren muss. Diese Situationen beziehungsweise die darin mögliche Gegenwehr kann ich aber in der Form, in der sie sich in der Realität abspielt, nicht üben.

Diesem Zwiespalt kann ich mich annähern, indem mir Folgendes möglich ist: Ich kann die Situationen analysieren, die einzelnen Komponenten herausarbeiten – vor allem die darin enthaltenen Täterstrategien – und dann die Verhaltensweisen für eine Gegenwehr einüben.

Ich möchte das allgemeine Vorgehen mit diesem Beispiel verdeutlichen: Eine junge Frau sitzt im Zug und fährt nach Hause. Ein Mann nimmt neben ihr Platz. Er macht eine nichtssagende Bemerkung, rückt näher, zieht einen Schuh aus und schiebt sein Bein über ihr Bein.
Alternativ: Der Mann rückt näher. Als sie aussteigen will und dabei an ihm vorbeigeht, fasst er ihr an den Po.

So das Geschehen. Schaue ich mir das genauer an bzw. beziehe andere Erzählungen, die ich gehört und gelesen habe, dabei mit ein, wird deutlich, dass der Übergriff einer bestimmten Struktur folgt. Der Ablauf ist folgendermaßen: Anschauen → Ansprechen → Annähern → Anfassen. In diesem Ablauf sind die Täterstrategien bereits enthalten, denn der Täter schaut die Frau, sein potenzielles Opfer, absichtlich an. Anschauen und testen, ob sich die Frau als leichtes Opfer eignet, ist eine Täterstrategie.

Ansprechen ist die nächste Stufe der Testphase. Auch sie ist funktional. Wie reagiert die Frau oder das Mädchen? Wirkt sie verunsichert und eher schüchtern? Gibt sie dem Täter das Gefühl, dass er in der Interaktion dominieren kann?

In diesem Fall kann er zur nächsten Stufe, der Annäherung, übergehen. Das Annähern kann, wenn der Sicherheitsabstand nicht mehr berücksichtigt wird, bereits als beginnender Übergriff gewertet werden.

Analysiere ich das Geschehen und erkenne die Struktur, so ist das Ganze nicht mehr unaufhaltbar und der Ablauf zwangsläufig, sondern ich kann in jedem dieser Stadien mit Strategien der Selbstbehauptung oder Selbstverteidigung den Ablauf beeinflussen und zu meinen Gunsten verändern. Das heißt: Wenn ich die Struktur erkenne, kann ich das Geschehen beeinflussen.

Auf das Anschauen kann ich mit unfreundlichen oder mürrischen Blicken reagieren. Damit zeige ich, dass ich nicht eine wehrlose (junge) Frau bin, sondern mir das Recht auf Abwehr und damit ein Verhalten herausnehme, das nicht dem einer angepassten und auf keinen Fall auffallen wollenden und sich nicht wehrenden (jungen) Frau entspricht.

Auf das Ansprechen kann ich ähnlich reagieren, nämlich desinteressiert und abweisend. Wenn der Betreffende dann immer noch nicht locker lässt, kann ich bei der Annäherung deutlich werden. „Kommen Sie mir bitte nicht so nahe, ich mag das nicht." Oder ich nehme dies dann als Zeichen, dass ich das so nicht geregelt bekomme. Dann ist es notwendig und sicherer, die Situation zu verlassen und zu gehen.

Hat das alles nichts genutzt und der Betreffende begrabscht mich, dann kann ich entweder laut werden und ihn anschreien oder mich körperlich wehren.

So gingen die Situationen tatsächlich aus: Die erstgenannte junge Frau war dermaßen eingeschüchtert, dass sie sich nicht wehrte und es einige Zeit aushielt. Erst als andere Leute das Abteil betraten, konnte sie es verlassen.

Die Frau, die an den Po gefasst wurde, ohrfeigte den Betreffenden und verließ das Abteil, nicht ohne noch aus dem Augenwinkel zu sehen, dass die Ohrfeige Nasenbluten ausgelöst hatte.

Unter dem alleinigen Aspekt der Selbstbehauptung und Selbstverteidigung scheint es auf den ersten Blick gut, so realitätsnah wie möglich zu üben.[1] De facto ist dies nicht möglich, und das ist auch gut so. Dieses Vorgehen kann Retraumatisierungen bei betroffenen Frauen auslösen. Diese Gefahr ist in Kursen für Selbstbehauptung sowieso höher als bei anderen Sportkursen. Ich gehe später noch einmal gesondert[2] darauf ein.

---

[1] „Modelmugging" wird teilweise in die Selbstverteidigung einbezogen und basiert auf dieser Theorie. Ein Trainer kleidet sich in einen Ganzkörper-Schutzanzug und greift die Teilnehmerin eines Selbstverteidigungskurse im öffentlichen Raum wie beispielsweise einem Park oder einem Parkhaus an. Diese kann sich dann mit Schlägen und Tritten zur Wehr setzen, die sie nicht abstoppen oder abschwächen muss. Dies ist sehr umstritten aufgrund der Gefahr von Retraumatisierungen bei betroffenen Frauen.

[2] Siehe auch Exkurs zu Triggern.

Daher wählen wir das beschriebene Verfahren, den komplexen Ablauf anzuschauen und einzelne Schritte oder Versatzstücke herauszulösen. Für diese einzelnen Versatzstücke entwickeln wir Strategien und üben diese ein. So kann Schritt für Schritt angemessen reagiert werden.

Im Folgenden beschreibe ich also diese Strategien und wie sie geübt sowie vermittelt werden können.

Ich möchte das an einem weiteren Beispiel verdeutlichen: Übergriffe im Spektrum sexueller Missbrauch[3] kommen häufig vor. Daher sind sie Thema in Selbstbehauptungskursen. Und um sie besprechen oder behandeln zu können, muss ich wiederum die Versatzstücke des Übergriffs „Sexueller Missbrauch" anschauen. Oft eignen sich Täterstrategien (offen oder versteckt) als Ausgangspunkt, um Strategien der Gegenwehr zu entwickeln. Die Strategien, die dann geeignet sind, kann ich in meinem Kurs üben.

Beispielsweise ist die Wahrnehmung von Berührungen im Kontext von sexuellem Missbrauch zentral.[4] Übergriffige Verhaltensweisen des Täters können anhand der grenzüberschreitenden Berührungen wahrgenommen werden.[5] Daher ist das Thema Berührungen an sich wichtig. Als Kursinhalt gliedert es sich erstens weiter auf in die Wahrnehmung von Berührungen allgemein und zweitens in die Wahrnehmung ihres übergriffigen Charakters. Daran orientieren sich wiederum die Gegenstrategien, die ich vorschlagen kann. Und daraufhin kann ich überlegen, mit welchen Übungsformen, mit welcher Methodik die Gegenstrategien vermittelt und geübt werden können. Idealerweise kann ich in der Diskussion den Transfer zur realen Situation anbahnen.

Vor diesem Hintergrund stelle ich jetzt die Themen Berührungen, Geheimnisse und Beleidigungen/Abwertungen vor.

---

3 Einen Überblick zum Thema Sexueller Missbrauch bieten folgende Seiten:
https://www.frauen-gegen-gewalt.de/de/taeterinnen-231.html
https://www.frauen-gegen-gewalt.de/de/was-ist-das-228.html
https://www.suse-hilft.de/das-ist-gewalt/sexueller-missbrauch/was-ist-das.html
Studien und ausführliche Darstellungen finden sich in der Literaturliste.

4 Weitere Stadien bzw. Täterstrategien werde ich bei dem Thema Berührungen vorstellen.

5 In einem Fall von sexuellem Missbrauch ist es für ein Opfer nicht so einfach, die Vorgehensweisen des Täters zu erkennen. Der Täter ist daran interessiert, das Opfer in einem System von Abhängigkeiten zu halten, um die Aufdeckung zu verhindern. Täter versuchen, die Wahrnehmung des Übergriffs als solchen zu verhindern und Abwehrhandlungen aufgrund der Abhängigkeit auszuschließen.

2.2 Achtung Teilnehmerinnen: Was muss die Trainerin beachten?

Ich möchte im Folgenden beschreiben, welche Themen ich immer mitdenken muss, welche Axiome mir präsent sein sollten, wenn ich Frauen und Mädchen in Selbstbehauptung und Selbstverteidigung trainiere.

1. Jede dritte Frau hat sexualisierte Gewalt erlebt – auch diese Frauen machen einen Selbstbehauptungskurs

Offizielle Untersuchungen nennen hohe Zahlen[6], wenn es um von sexualisierter Gewalt betroffene Frauen und Mädchen geht. 40% der befragten Frauen haben körperliche oder sexuelle Gewalt seit dem 16. Lebensjahr erlebt. Noch höhere Zahlen gelten für Frauen und Mädchen mit Behinderungen.[7] Jede zweite bis dritte Frau hat sexuelle Gewalt als Kind und / oder Erwachsene erlebt.

Natürlich finden sich Frauen und Mädchen mit Gewalterfahrungen in den Kursen. Situationen, in denen Frauen Gewalt oder grenzüberschreitende Situationen erlebt haben sind wichtige Themen von Selbstbehauptungs- und Selbstverteidigungskursen.

Im schlimmsten Fall können betroffene Frauen dadurch getriggert werden. Sie denken nicht nur an das Erlebte, sondern können wieder in das damalige Erleben zurückgleiten. Es kann auch sein, dass Teilnehmerinnen Gewaltsituationen erlebt haben und sie sich im Kurs daran erinnern. Sie haben das Erlebte nicht immer so verarbeitet, dass sie darüber reden können oder die Erinnerung daran sie nicht mehr zu stark berührt. Auch in diesem Fall muss die Trainerin sehr sensibel damit umgehen.

Ich als Trainerin muss wahrnehmen, wie die Teilnehmerinnen sich fühlen und ob sie mit den Kursinhalten umgehen können, und dass sie nicht davon überfordert werden. Daher ist es wichtig, die Teilnehmerinnen eines Kurses gut zu beobachten. Nehmen alle noch an der Diskussion teil, weichen

---

6 Bundesministerium für Familie, Senioren, Frauen und Jugend (Hrsg.): Lebenssituation, Sicherheit und Gesundheit von Frauen in Deutschland. Ergebnisse der repräsentativen Untersuchung zu Gewalt gegen Frauen in Deutschland. Im Auftrag des Bundesministeriums für Familie, Senioren, Frauen und Jugend (BMFSFJ), 2004. Kurzfassung S. 10.

7 Bundesministerium für Familie, Senioren, Frauen und Jugend (Hrsg.): Lebenssituation und Belastungen von Frauen mit Beeinträchtigungen und Behinderungen in Deutschland. Eine repräsentative Untersuchung im Auftrag des Bundesministeriums für Familie, Senioren, Frauen und Jugend (BMFSFJ), 2012. Siehe Vortrag Dr. Monika Schröttle: Gewalt gegen Frauen mit Behinderungen – Ausmaß, Ursachen, Prävention Fachtag Reutlingen 18.10.2013. Folie 7.

Teilnehmerinnen körperlich nach hinten aus, bewegen sich aus der Diskussionsrunde weg, verändern sie ihre Körperhaltung hin zu geschlossenen Armen, ziehen sie Jacken um den Körper oder Ärmel über die Handgelenke und Hände, schauen sie weg und aus der Diskussionsrunde hinaus? Teilnehmerinnen stören dann beispielsweise das Kursgeschehen und lenken sich und andere ab.
Bei all diesen Verhaltensweisen ist Vorsicht angesagt. Zusammenfassend gilt der Merksatz: Wenn ich ein kritisches Thema bespreche und eine Teilnehmerin ihr Verhalten ändert, dann ist Vorsicht geboten.

Ausgelöst werden kann das durch die aktuelle Übung, das Thema der Diskussion oder durch Erzählungen anderer Teilnehmerinnen. Vorsicht heißt in diesem Fall, dass ich das wahrnehmen muss und in diese Richtung auch interpretieren kann. Natürlich kann solch ein Verhalten auch durch andere Faktoren ausgelöst werden. Aber eben auch dadurch. Und das sollte ich im Hinterkopf behalten.

Wenn ich diesen Auslöser für möglich halte, versuche ich den Trigger wegzunehmen. Beispielsweise beende ich die aktuelle Übung, die das Verhalten ausgelöst hat, so früh wie möglich. Ich frage nach, ob alles okay ist oder ob jemand oder die Betreffende eine Pause braucht.

Ebenfalls möglich ist es, die Diskussion mit einer naheliegenden Begründung zu beenden. Zudem kann ich eine Trinkpause vorschlagen oder eine Unterbrechung, um zu lüften.
Manchmal muss ich verhindern, dass eine Teilnehmerin ihre Erzählung fortsetzt. In diesem Fall schlage ich vor, die Erzählerin solle ausschließlich mir ihre Geschichte in der Pause weitererzählen. Oder ich erkläre, dass dies nicht direkt zum Thema gehört und sie mir deswegen ihre Geschichte in der Pause erzählen soll.

Wenn ich aus einem dieser Gründe den Ablauf des Kurses verändern will, spreche ich die Gruppe als Ganzes an: „Ich schlage ein Pause vor, dann können wir alle etwas trinken.“ Aber ich lenke keine zusätzliche Aufmerksamkeit der anderen Teilnehmerinnen auf die Betreffende. Ich sage nicht: „Maria braucht eine Pause, daher machen wir das jetzt.“ Dann wende ich mich der Betreffenden zu und frage, ob ich ihr helfen kann – aber nur, wenn es passt. Wenn die Betreffende sich selbstständig regulieren kann, umso besser.

Die Tipps für den Umgang damit und für die reorientierenden Maßnahmen habe ich im Materialteil als Checkliste aufgeführt. Meist genügt es, mit der Betroffenen zu reden und Anteilnahme zu zeigen. Ich frage nicht weiter nach dem Ereignis, das die Traumatisierung ausgelöst hat. Im Zweifelsfall führt das dazu, dass sich die Betroffene noch weiter hineinbegibt. Deswegen empfiehlt sich eher die Frage, was ihr jetzt gut tut bzw. was sie jetzt braucht.

2. Erfahrungen mit sexualisierter Gewalt oder körperlicher Gewalt

Manche Frauen und Mädchen können sich besser wehren als andere. Manche können es gar nicht. Manche könne es sehr gut. Dafür gibt es natürlich Gründe. Es gibt Gründe, dafür, dass manche Frauen leichtere Opfer sind. Die Gründe dafür liegen meist in der Kindheit und Sozialisation. Studien belegen: Wenn eine Frau in ihrer Kindheit Gewalt und sexualisierter Gewalt ausgesetzt war, trägt sie ein höheres Risiko, (erneut) Opfer von Gewalt und sexualisierter Gewalt zu werden.

Frauen mit Gewalterfahrungen und Mädchen mit Erfahrungen mit sexuellen Übergriffen nehmen an Kursen zur Selbstbehauptung teil, und daher muss ich mich damit auseinandersetzen. Als präventive Maßnahme könnten Selbstbehauptungskurse aber auch verhindern, dass Mädchen Opfer werden oder Frauen erneut Opfer werden.[8]

3. Die Frau oder das Mädchen hat nie Schuld: Opferbezogene Maßnahmen in der Prävention

Selbstbehauptung und Selbstverteidigung als Prävention bedeuten, dass die Maßnahmen mit den Opfern bzw. potenziellen Opfern stattfinden. Die Opfer sind einer Situation oder einem Übergriff ausgeliefert, für den der Täter die Verantwortung trägt und eben auch, wenn man moralische Kategorien verwenden will, die Schuld. Es ist elementar, dies in dem gesamten Kursgeschehen auch so zu vermitteln: **Das Mädchen oder die Frau ist nie schuld.**

Ich betone das so absolut aus folgendem Grund: Während eines Kurses erzählen Mädchen und Frauen persönliche Erlebnisse. Das ist gut so, da anhand der erlebten Geschichten passende und erfolgreiche Strategien diskutiert werden können. Doch manchmal werden in der Gruppe Schuldzuweisungen geäußert: „Das hätte sie nicht tun dürfen!“ und „Das hätte sie doch wissen müssen, warum hat sie das gemacht!“ oder eben auch: „Ein bisschen ist sie selbst schuld!“.

Diese Schuldzuweisung darf ich als Trainerin niemals zulassen. Betroffene sind sehr schnell darin, sich diese Ansicht zu eigen zu machen und sich zusätzlich zu dem Übergriff, den sie erleben mussten, auch noch selbst

---

[8] Sieh dazu: Kavemann, Barbara et al.: „Reviktimisierung nach sexuellem Missbrauch“, S. 858 ff. In: Retkowski, A. et al., Handbuch Sexualisierte Gewalt und pädagogische Kontexte, 2018. Der Artikel gibt einen guten Überblick mit Verweis auf die zugrundeliegenden Studien.

die Schuld zu geben. Forschungen belegen, dass die Verarbeitung eines Übergriffs für die Betroffenen deutlich erschwert ist, wenn sie sich dafür auch noch schuldig oder mitschuldig fühlen.[9] Daher achte ich als Trainerin sehr darauf, dass diese Stimmung oder diese Äußerungen von mir korrigiert werden.

Diesen Schuldzuweisungen liegt ein psychologischer Mechanismus zugrunde: Wenn ein Opfer einen Fehler gemacht hat oder eine Mitschuld trägt, kann ich diesen Übergriff vermeiden, indem ich diesen Fehler eben nicht mache. Wenn das Opfer des Übergriffs in den frühen Morgenstunden unterwegs war, glaube ich, dass ich solche Übergriffe vermeiden kann, indem ich eben nachts zuhause bin. Wenn ich finde, dass die Frau unpassend gekleidet war, vermeide ich Ähnliches, wenn ich mich anders kleide. Dies ist ein Schutzmechanismus, um die allgemeine Bedrohung durch sexualisierte Gewalt handhabbar und vermeidbar zu machen. Leider ist dies nur eine Scheinlösung und der dadurch erwirkte Schutz nur vermeintlich. Die Betroffenen sind die Opfer, die Schuld und das Fehlverhalten liegt bei dem Täter. Und das darf nie vergessen werden.

Dies kann manchmal in Kursen zu sehr schwierigen Situationen führen. Auf der einen Seite steht eine betroffene Frau, bei der die Haltung „ein bisschen bist Du ja selber schuld“ die notwendige Aufarbeitung erschwert. Auf der anderen Seite steht die Frau, die so viel Angst in sich trägt, dass sie diese Angst ohne den vermeintlichen Schutzmechanismus, der sie vor einem möglichen Übergriff schützt, nicht ertragen kann.

Ich schlage vor, der betroffenen Frau deutlich und sehr klar formuliert die vermeintliche Schuld zu nehmen und den Schutzmechanismus transparent zu machen. Es hilft manchmal, den größeren Zusammenhang herzustellen und auf die Exekutive, auf Menschen und Strukturen wie Polizei, Gerichte und Staatsanwaltschaft zu verweisen, deren berufliche Aufgabe es ist, Gewalt und sexualisierte Gewalt zu verhindern und zu bestrafen.

---

9 „Ein ganz zentraler Fallstrick für Kinder nach sexueller Traumatisierung ist die Entwicklung von Scham und Schuldgefühlen. Deshalb ist es so wichtig, dass wir alles unterlassen, was bei Kindern und Jugendlichen zusätzlich Selbstvorwürfe induziert. Und deshalb sollten wir den Kindern gegenüber keinen Zweifel daran lassen, dass die Verantwortung für die Übergriffe immer beim Täter liegt. **Kinder, die sich nicht selbst beschuldigen, haben im Hinblick auf Symptomentwicklungen die deutlich bessere Prognose**.“ (Hervorhebung d. d. Autorin). In: Michael Buscher: „Sexualisierte Gewalt gegen behinderte Mädchen und Jungen – Maßnahmen zur Gewaltprävention“, in: Dokumentation der Schulleiterkonferenz zum Thema Sexuelle Gewalt gegen behinderte Mädchen und Jungen am 24. April 2002 in der Abtei Brauweiler, S. 36.

4. Zur falschen Zeit am falschen Ort

Hier ist eine Warnung angezeigt. Wie immer in der Selbstbehauptung und Selbstverteidigung gilt: Es gibt viele Handlungsmöglichkeiten, aber es gibt keine Garantie!

Ein Selbstbehauptungs- und Selbstverteidigungskurs bietet vielfältige Möglichkeiten und Techniken, um sich gegen Übergriffe zur Wehr zu setzen. Dies kann in bestimmten Kontexten dazu führen, dass bei den Teilnehmenden der Eindruck entsteht, man könne sich sozusagen immer erfolgreich wehren, denn Techniken gebe es genügend. Und wem dies nicht gelinge, habe leider versagt, und trüge damit eine Mitschuld, weil er oder sie es eben nicht richtig gemacht hätte.

Vor dieser Haltung möchte ich ausdrücklich warnen[10], denn das Wissen um Strategien und Techniken ist keine Garantie für die erfolgreiche Bewältigung von Gefährdungssituationen. Glück ist ein wichtiger Faktor. Menschen, die dazukommen und mir helfen ebenfalls. Das alles gehört dazu. Und dies herbeizuführen steht nicht oder nicht zuverlässig in meiner Macht.

Es kann auch sein, dass es besser ist, sich nicht zu wehren, da dadurch zumindest das Überleben gesichert ist. Dann ist das die richtige Entscheidung, denn nur die Frau kann und darf das selbst entscheiden. Manche Situationen gehen trotz Vorsicht oder Gegenwehr für die Frau schlecht aus. Sie hat alles richtig gemacht. In manchen Situationen kann frau oder man nichts machen: zur falschen Zeit am falschen Ort. Die Verantwortung aber liegt allein beim Täter.

Zurück zum Selbstbehauptungs- und Selbstverteidigungskurs. Er bietet Möglichkeiten, aber keinen allmächtigen Schutz, so gerne wir Trainerinnen das auch hätten. Fairerweise müssen wir das auch vermitteln. Aber es gibt viele und vielfältige Möglichkeiten und Handlungsoptionen, und das kann gezeigt und geübt werden.

---

10 Wenn von Frauen die Rede ist, die Situationen sexualisierter Gewalt erlebt haben, werden sie mittlerweile als Überlebende bezeichnet. Strategien, die sie angewendet haben, sind nicht immer im Kontext eines Kurses zu finden.

3. Inhaltliche Bausteine: Strategien und Verhaltensweisen

3.1 Eine Bandbreite an Möglichkeiten

Im Folgenden stelle ich eine Bandbreite an Reaktionsmöglichkeiten oder Strategien vor, die in in harmlosen bis gefährlichen Situationen eingesetzt werden können. Die Situationen, die bei der Vorstellung der Strategien gedanklich mitlaufen, sind Übergriffe unterschiedlicher Art. Es können Testsituationen durch den Angreifer sein, Übergriffe im Rahmen des sexuellen Missbrauchs oder körperliche Angriffe.

Es gibt kein Patentrezept und auch keine Strategie, die immer funktioniert und einen Angreifer körperlich schachmatt setzt, ohne ihm wirklich weh zu tun. Und es gibt ebenso wenig das Zauberwort, das einen Grabscher von der Unrechtmäßigkeit seines Tuns überzeugt, ihn dies einsehen lässt und zu einer Entschuldigung bringt.

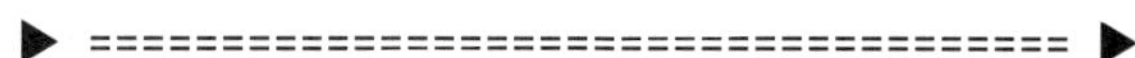

harmlosere und alltägliche Situationen — gefährliche Ausnahme- und Notfallsituationen

Flucht bzw. Weggehen
Schockschrei
Sicherheitsabstand
Körpersprachliches Vorgehen
Nein sagen
Techniken
Notfalltechnik
Hilfe holen
Erzählen

In jeder Situation, in der ich mich befinde, habe ich all diese Strategien zur Auswahl. Je harmloser das Problem oder der Konflikt, desto weniger verletzungsträchtig und weniger an physischen Techniken orientiert sollte meine Lösungsstrategie sein. Je gefährlicher die Situation, desto entschiedener kann meine Reaktion ausfallen.

Wichtig ist mein flexibler Umgang mit den Strategien. Flexibel heißt, dass ich meine Strategien wechsle, wenn ich merke, dass sie nicht funktionieren und dass sie mir nicht nutzen. Wenn ich also mit Reden nicht weiterkomme, kann ich es mit Anschreien oder mit einem Tritt ans Schienbein versuchen. Ich sollte nicht beim Diskutieren hängenbleiben. Dies kann ich nicht oft genug betonen: Wenn eine Strategie nicht zum Erfolg führt, sollte sie gewechselt werden.

3.2 Flucht

Wenn ich mich in einer gefährlichen Situation befinde oder merke, dass eine Situation eskaliert und für mich nicht mehr zu kontrollieren ist, gehe oder renne ich weg. Flucht ist die erste Möglichkeit der Wahl und sollte immer ergriffen werden, wenn und solange dies möglich ist. Sie ist die Möglichkeit, bei der ich am wenigsten verletzt werden kann und bei der ich am wenigsten Schaden nehme.

Solche gefährlichen Situationen geschehen meist nicht plötzlich, sondern bauen sich auf. Meine Wahrnehmung signalisiert mir dies. Wenn ich diese ernstnehme und sehe, dass sich alles in eine gefährliche Richtung entwickelt, versuche ich, dem Ganzen aus dem Weg zu gehen. Ich ergreife die Flucht.

Wohin fliehe ich?
Man flieht immer dahin, wo Menschen sind. Belebte Orte wie Kneipen oder Restaurants sind ein gutes Ziel. Vor allem bei jüngeren Mädchen kommt gerne der Gedanke auf, sich irgendwo, gerne in einem großen Garten, zu verstecken, um nicht mehr gesehen und gefunden zu werden. Davon ist natürlich abzuraten. Wen ich wegrenne, dann dorthin, wo ich möglichst viele andere Leute finde, die mir helfen können.

Bin ich dann feige?
Nein, definitiv nicht. Dennoch wird es Leute geben, die dies feige nennen. Genauso wie es Leute gibt, die sich Schwächere auswählen, diese verprügeln und dies dann mutig heißen. Oft sind es dieselben Leute.

Aus Sicht der Selbstverteidigung ist der Begriff „feige“ unnütz und nicht zulässig. Die Flucht kann mich schnell und unverletzt aus einer Situation entfernen. Damit ist sie eine effektive Strategie.

Ich kann dies natürlich auch so sehen: Auch im Konflikt habe ich immer die Wahl, setze ich mich weiter dem Konflikt aus und trage eventuell sogar die Auseinandersetzung mit oder entscheide ich, dass ich mich dem nicht länger aussetze und gehe. Das Gehen kann ich noch gestalten. Ich sichere meinen Abgang von der Bühne des Geschehens, und das mache ich bewusst.

Ich sichere meinen Abgang von der Bühne
Diese Entscheidung steht auch in weniger gewaltträchtigen Situationen an. Wenn ich mich behaupten und Nein sagen will, und die Gegenseite hört nicht, kann ich ebenfalls die Situation verlassen. Die Entscheidung fällt im Kopf. Ich muss mir klarmachen, dass ich gehen kann, wenn meine Bemühungen nicht fruchten. Die Empfehlung ist, körperliche Auseinandersetzungen zu vermeiden. Aus diesem Grund kann und sollte ich gehen, vor allem dann, wenn die Situation zu eskalieren droht.

In harmloseren Situationen gehe ich von der Bühne ab und ich tue dies als „Coole". Folgender Schritt ist wichtig: Ich sage „Ich gehe jetzt." Oder: „Das müssen wir so stehen lassen." Damit installiere ich eine Patt-Situation. Ich bestimme den Zeitpunkt und ich bestimme, dass ich nicht mehr weiter diskutiere. Ich laufe nicht einfach weg, sondern bestimme den Zeitpunkt und gestalte den Abgang von der Bühne des Konfliktes. Und ich benenne das Ganze: „Ich gehe jetzt. Ich lasse das so stehen. Ich diskutiere nicht weiter."

Dieses Vorgehen ist anwendbar, wenn man Dominanz in einer Situation zeigen will, in der man eigentlich nicht mehr viele Alternativen hat. Dieses Vorgehen findet später auch seine Anwendung. Am Ende eines jeweiligen Rollenspiels kann so aktiv ein Endpunkt gesetzt und ein überlegtes Ende gestaltet werden.

Wenn Flucht nicht möglich ist
So effektiv Flucht als Vorgehen ist, so wenig ist es für manche Frauen und Mädchen machbar. Mädchen mit Körperbehinderungen wie Rollstuhlfahrerinnen, Mädchen mit einer spastischen Behinderungen oder gehbehinderte Mädchen sind manchmal dazu nicht in der Lage. Dem muss Rechnung getragen werden.

Flexibilität: Wie vielfältig und wechselbar sind meine Abwehrstrategien
Andere Strategien müssen dann früher in Betracht gezogen werden bzw. die Dynamik des Ganzen früher unterbrochen werden. Beispielsweise kann das Opferschema des Angreifers sehr früh durchbrochen werden oder der Schockschrei kann früher eingesetzt werden. Generell gilt hier: Je klarer, transparenter und frühzeitiger die Message „Ich will nicht!" über andere Strategien transportiert wird, desto besser und desto größer sind die Chancen, heil aus der problematischen Situation herauszukommen.

3.3 Laut werden und Schockschrei

3.3.1 Einsatz der Stimme

Der richtige Einsatz der Stimme ist in der Selbstverteidigung elementar, und dies aus folgendem Grund: Wenn ich mich in einer gefährlichen Situation befinde, ist meine allererste Reaktion: weglaufen! Wenn dies nicht möglich ist, setze ich meine Stimme ein. Ich schreie den Angreifer laut an. Diese Strategie heißt „Schockschrei".
Der Schockschrei bewirkt Folgendes: Der Angreifer wird überrascht, im besten Fall geschockt. Zum einen soll die Lautstärke des Schreis ihn möglichst schockieren. Zum anderen zeigt der Schrei, dass die Angegriffene selbstbewusst und sicher mit der Situation umgehen kann. Der Schrei macht eine Aussage über die Angegriffene: „Ich habe keine Angst und kann dies bewältigen." Der Hintergedanke dabei ist, sich nicht in das Opferschema des Angreifers einzupassen. Ihm soll verdeutlicht werden, dass der Aufwand, den Angriff fortzusetzen, deutlich größer als geplant ist. Diese Kosten-Nutzen-Rechnung des Angreifers führt hoffentlich zum Abbruch der Tat.

Eine weitere Wirkung des Schockschreis ist: Der Schrei kann von anderen Personen gehört werden. Die Umgebung nimmt wahr, dass etwas passiert und reagiert darauf. In diesem Fall können andere Personen einschreiten, um der bedrohten Frau zu helfen, oder sie signalisieren durch ihr Verhalten, dass sie eingreifen werden oder die Polizei rufen. Der Angreifer muss befürchten, erkannt oder festgehalten zu werden und wird den Übergriff abbrechen.

Dieser Zusammenhang stellt einen Kernsatz der Selbstverteidigung dar. Wenn ein Mädchen oder eine Frau bedroht wird, müssen sie sich auf jeden Fall durch laute Schreie bemerkbar machen. Nur dann können andere wahrnehmen, dass sie in Gefahr sind und ihnen auch zu Hilfe kommen.

3.3.2 Ausführung des Schockschreis: Wie und was

Die Regel für den Schockschrei lautet:

- kurz,
- laut,
- tief.

Ein Schockschrei muss kurz sein, da der Schockeffekt genutzt werden soll. Lautes „Rumschreien“ hat wenig bis keinen Effekt. Der Schrei muss natürlich laut sein und von der Stimmlage her eher tief bleiben, da hohes Kieksen oder Quietschen Angst zeigt und nicht ernstgenommen wird.

Haltung
Zur Körpersprache ist Folgendes zu sagen: Wenn ich den Schockschrei ausführe, also jemanden laut anschreie, habe ich eine aufrechte Haltung und stehe fest auf beiden Beinen. Ich positioniere meine Hände schützend vor meinem Körper, ungefähr in Bauchhöhe und ich schaue mein Gegenüber an. Die körpersprachliche Aussage, die damit zum Ausdruck gebracht wird, lautet: „Ich bin stark, ich fühle mich sicher und ich stehe den Konflikt durch!“ Sie unterstreicht die verbale Aussage: „Geh weg!“ oder „Hau ab!“.

Aussage
In der verbalen Aussage bieten sich kurze Befehle und klare Ansagen an. „Hau ab!“, „Lass mich in Ruhe!“, „Ich will das nicht!“, „Nein!“ oder auch „Hilfe!“ eignen sich gut. Bei jüngeren Kindern kann auch die Ansage „Ich kenne Sie nicht!“ eingesetzt werden. Damit ist der Umgebung sofort klar, was eben stattfindet und dass interveniert werden muss.
„Lass mich in Ruhe oder du wirst mich kennenlernen!“ ist zu lang und daher nicht geeignet. Lange Sätze sind generell zu vermeiden. Es sollten also kurze Sätze gewählt werden, die möglichst breit und in vielen Situationen passen. „Hau ab!“ oder „Lass mich in Ruhe!“ passen auf viele Situationen, während „Nimm deine Finger da weg!“ sich nur für den Grabscher eignet. Drohungen und Beleidigungen sind tabu. „Lass mich oder ich hau dir eine runter!“ oder „Hau ab oder ich ruf die Polizei!“ laden zu Erwiderungen wie „Versuch es doch!“ oder „Traust dich ja eh nicht!“ ein und verraten im schlechtesten Fall das geplante Vorgehen. Beleidigungen können eskalativ wirken und sind daher eher kontraproduktiv.

Blickkontakt
Beim Schockschrei schaue ich die Person, die ich meine, auch an. Dies ist keine Banalität. Nur die Person, die ich anschaue, fühlt sich angesprochen und betroffen. Der Blickkontakt stellt Eindeutigkeit her. Diese Eindeutigkeit soll durch alle eingesetzten Strategien vermittelt werden.

Wenn die Eindeutigkeit vermisst wird, indem ich beispielsweise keinen Blickkontakt aufnehme, entstehen Ambivalenzen. Ein potenzieller Angreifer wird diese für sich nutzen wollen, beispielsweise indem er sich eben nicht angesprochen fühlen will oder sich aus der Verantwortung mogelt: „Eigentlich bin ich ja gar nicht gemeint." Der Blickkontakt ist eine verstärkende Strategie. Die Aussage oder Ansage wird dadurch in ihrer Zielrichtung eindeutig. Das heißt, aus Sicht des Täters sind die Ambivalenzen ausgeschlossen, die er ansonsten auszunutzen versucht.

Die Regel hierbei lautet: Ich muss die Person, die ich meine, anschauen. Und im Umkehrschluss: Die Person, die ich anschaue, fühlt sich betroffen.

3.3.3 Praxistipps: Vermittlung der Strategien – was muss ich beachten?

Einigen Mädchen und Frauen kann es schwerfallen, laut zu werden und den Schockschrei einzusetzen. Dies kann daran liegen, dass sie es nicht gewohnt sind, laut zu werden oder dass es ihnen unangenehm ist, Aufmerksamkeit zu erregen.

Es ist wichtig, den Schockschrei ausüben zu können, sozusagen ihn als Technik zu beherrschen, für den Fall der Fälle. Das heißt aber nicht, dass er dauernd eingesetzt wird und ich jeden nur noch anschreie. Der Schockschrei ist auch eine Konfrontationstechnik, als solche nicht deeskalativ und daher mit Bedacht und Überlegung zu gebrauchen.

In Kursen zeigt sich immer wieder, wie wichtig der Blickkontakt ist. Passiert es mir als Kursleiterin, dass ich den Namen einer Teilnehmerin nenne, aber ein anderes Mädchen anschaue, sind beide sehr irritiert. Beide fühlen sich nicht richtig angesprochen.

Arbeite ich mit Mädchen oder Frauen mit Behinderungen, sollte dies immer mitbedacht werden. Die Blickrichtung sollte teilweise extra eingeübt werden. Es kommt öfter vor, dass sie die Person, die sie eigentlich meinen, beim ersten Üben oft nicht richtig oder überhaupt nicht anschauen. Dies sollte thematisiert und dann mehrfach geübt werden.

Demonstration
Die Dynamik kann an folgendem Beispiel gezeigt werden: Die Teilnehmerinnen stehen im Kreis. Ich schaue die Teilnehmerin namens Cornelia an und rufe „Bettina, hau ab!" Dann frage ich in die Runde: „Wen habe ich eben gemeint, wer soll abhauen?" „Wer fühlt sich denn angesprochen?" Meist herrscht keine Einigkeit darüber, welche Teilnehmerin gemeint war. Und damit fehlt die Eindeutigkeit, die für die Wirksamkeit einer solchen Aussage notwendig ist.

3.3.4 Übungen zur Ausführung des Schockschreis

■ **Übung: Telefonieren im Kreis**
Die Gruppe stellt sich im Kreis auf. Der Schockschrei wird auf den Vokal „Hey" geübt. Die Gruppe schreit gemeinsam auf ein Zeichen der Trainerin „Hey" in die Mitte des Kreises.

Dann wird der Schockschrei einzeln und nacheinander geübt. Die Trainerin beginnt und schreit mit dem Schockschrei ihre Nachbarin an. Diese gibt den Schrei ihrerseits an ihre Nachbarin weiter, worauf diese ihrerseits wieder ihre Nachbarin anschreit. So läuft der Schrei weiter, bis er wieder bei der Trainerin ankommt.

■ **Schutzabwehrhaltung**
Die Aussage des Schockschreis wird körpersprachlich veranschaulicht. Jede weitere Runde Schockschrei fügt ein weiteres körpersprachliches Element hinzu:

Haltung: Fester Stand auf beiden Beinen, aufrechte Haltung, Schultern werden nach unten gezogen, Kopf ist gerade.

Gestik: Die Hände werden in Bauch oder Brusthöhe vor den Körper gehalten, die Handflächen zeigen nach vorn oder nach unten, nie nach oben.

Mimik: Der Gesichtsausdruck ist neutral oder ablehnend, im Zweifelsfall eher zornig oder grimmig, kein Lächeln, der Blick ist nicht freundlich und nicht einladend. Er ist auf diejenige im Kreis gerichtet, der der Schockschrei gilt.

Aussage: Kurze Befehle und klare Ansagen eignen sich. Es werden keine langen Sätze, keine Drohungen und keine Fragen, vor allem aber keine Beschimpfungen oder Beleidigungen geäußert.

Erfahrung aus der Praxis
Die Durchführung dieser Übung ist nicht unproblematisch. Jüngere Mädchen reagieren manchmal mit unkontrollierbaren Kicheranfällen oder beständigem Lachen. Andere Teilnehmerinnen fühlen sich dann ausgelacht und hören auf. Ältere Mädchen verweigern sich manchmal dieser im Alltag ungewohnten Anforderung und Herausforderung, weil es ihnen peinlich ist. Manche bringen es nicht über sich, so aus sich herauszugehen und laut zu schreien. Dafür gibt es keine Patentrezepte. Es gibt hier zwei Möglichkeiten:

- 1. Nachfragen und die Hemmnisse besprechen.
- 2. Frühzeitig in die Rollenspiele einzusteigen, da dann die Notwendigkeit des Schreis selbsterklärend ist.

Diskussion
Zu dieser Übung gehört eine Diskussion, die die Funktion von Schockschrei und Schutzabwehrhaltung erläutert. Sie umfasst folgende Punkte:
Ein Schockschrei

- ruft Hilfe herbei. Andere Leute hören den Schrei und unternehmen etwas und helfen.
- lässt den Angreifer glauben, dass der Schrei andere Menschen alarmiert und er bricht eventuell ab.
- bewirkt einen Schreckmoment, vergleichbar dem Schreckmoment im Kampfsport. Der Angreifer erschrickt und lockert seinen Griff, das Mädchen kann wegrennen.
- macht dem Mädchen selbst Mut und schüchtert den anderen ein.
- verstärkt die Kraft einer Schlagtechnik.

Außerdem kann in der Diskussion geklärt werden, warum es manchen Teilnehmerinnen so schwerfällt, laut zu werden und zu schreien.

Übung: Schockschrei als Schreckschrei
Zwei Teilnehmerinnen üben miteinander. Eine stellt sich stabil hin, das heißt, ihr Gewicht ist gleichmäßig auf beiden Füßen verteilt und ihre Füße stehen im Abstand einer Schulterbreite auf dem Boden. Auf diese Weise sicher und stabil stehend, schließt sie die Augen (optional). Die andere berührt sie, beispielsweise an der Schulter. Auf diesen Impuls hin öffnet die Partnerin die Augen, lokalisiert die andere, fixiert sie mit den Augen und führt ihren Schockschrei aus. Danach wird gewechselt.

■ **Übung: Schockschrei als Stopp-Schrei**
Die Teilnehmerinnen stellen sich in zwei Linien auf, die sich gegenüber stehen und in der jedes Mädchen eine ihr zugeordnete Partnerin in der anderen Linie hat. Auf ein Zeichen der Trainerin bewegen sich die Mädchen der einen Linie auf ihre Partnerin in der anderen Linie zu. Wenn der Sicherheitsabstand erreicht ist, machen die Mädchen der stehenden Linie ihren Stopp-Schrei mit entsprechender Schutzabwehrhaltung. Die Partnerinnen bleiben stehen. Diese Übung wird im Wechsel ausgeführt.

■ **Übung: Stopp-Schrei nach Verfolgung**
Diese Übung wird paarweise absolviert. Eine Partnerin geht der anderen hinterher, sie verfolgt sie und verringert langsam den Abstand. Die vorausgehende Partnerin spürt und schaut, wann ihr die Verfolgerin zu nahe kommt. Sie dreht sich um, steht stabil, nimmt die Schutzhaltung ein und führt den Schockschrei aus. Wenn der Abstand zu gering ausfällt, kann sie ihn durch entsprechende Schritte nach hinten oder zur Seite korrigieren.

■ **Übung: Schubsen und Nein-Schrei**
Aufstellung paarweise. Eine Partnerin spielt die Angreiferin und ärgert die andere durch leichtes Schubsen oder Anrempeln (leichtes Schubsen, keine Schläge und kein Umwerfen!). Diese reagiert, indem sie einen Schritt zurück oder zur Seite geht, also etwas ausweicht, um wieder einen ausreichenden Abstand herzustellen. Dann führt sie den Schockschrei in Schutzabwehrhaltung aus.

■ **Übung: Schubsen und dreimal Nein-Schrei (Steigerung im Abwehrverhalten)**
Aufstellung paarweise. Eine Partnerin spielt die Angreiferin und ärgert die andere durch leichtes Schubsen oder Anrempeln. Die Angegriffene reagiert in der ersten Stufe zurückhaltend und verbal: „Hör auf!", „Lass mich in Ruhe!". Die Angreiferin schubst noch einmal, diesmal etwas stärker. Die Verteidigerin reagiert ebenfalls entschiedener, geht einen Schritt zurück oder zur Seite (Sicherheitsabstand) und reagiert verbal sehr entschieden und bestimmt: „Hau ab!"
Die Angreiferin schubst noch einmal. Jetzt konfrontiert sie die Verteidigerin, fixiert sie mit ihrem Blick, nimmt die Schutzhaltung ein und schreit die Angreiferin an: „Hau jetzt endlich ab!"

Variation: Drei-Phasen-Nein mit Technik
Wenn im Verlauf des Kurses bereits Techniken eingeübt wurden, kann die dritte Stufe mit einer Technik (Ellbogenstoß oder Fußtritt) beendet werden. Moderate Abwehr erfolgt in der ersten Stufe auf die erste Provokation, Schutzhaltung und Schockschrei bereits bei der zweiten, und die Technik beendet die dritte Provokation. Für diese Variation muss ein Schlagkissen für

das Üben der Techniken bereitgestellt sein, und die Teilnehmerinnen müssen die Schlagtechniken und den Umgang mit dem Schlagkissen geübt haben.

■ Übung: Rempeln und Schrei

In dieser Übung wird auch veranschaulicht, wie die Eskalation der Partnerin beantwortet wird. Ziel dabei ist, aus der Defensive heraus wieder handlungsfähig zu werden.

Das Schubsen der vorherigen Übung wird daher zum Rempeln, um die Partnerin aus dem Gleichgewicht zu bringen. Die Angerempelte muss im ersten Schritt ihr Gleichgewicht finden, sich stabilisieren und aus dieser stabilen Haltung heraus ihr Gegenüber laut anschreien (Abwehrhaltung und Schockschrei).

Variation: Rempeln und Technik

Diese Übung kann gesteigert werden, indem das Rempeln nicht nur mit Schockschrei und Abwehrhaltung, sondern auch mit einer Technik beantwortet wird. Die Reihenfolge ist dann wie folgt:

- Rempeln durch die Angreiferin
- Stabilisierung der Angegriffenen
- Abwehrhaltung und Schockschrei
- Technik

Auch hier müssen die Schlagtechniken und der Umgang mit dem Schlagkissen bekannt sein.

■ Übung: Übergang von der Körpersprache zum Schockschrei

Diese Übung zeigt die Bedeutung der Körpersprache und arbeitet die notwendigen körpersprachlichen Elemente heraus.
Alle Teilnehmerinnen stehen im Kreis. Sie geben ihre Nein-Aussage pantomimisch weiter. Sie schreien also nicht „Nein“, sondern zeigen dies ausschließlich mit den im Vorfeld geübten körpersprachlichen Elementen mit Händen, Körperhaltung und Mimik.
Im zweiten Schritt wird die pantomimische Darstellung wieder mit der lautsprachlichen Aussage verbunden. [11]

Materialhinweis

Zu dieser Übung gibt es unterstützende Materialien von Zartbitter Köln.[12] In bunten Zeichnungen sind viele verschiedene Mädchen dargestellt, die alle

[11] Hier sind deutliche Bezüge zur Körpersprache da. Wenn ich Nein sagen, muss dies körpersprachlich ebenfalls gezeigt werden, da ich sonst nicht glaubwürdig bin. Daher siehe auch Kapitel Körpersprache.

[12] „Nein ist Nein: Jedes Mädchen hat ihre eigene Art NE!N zu sagen“ von Zartbitter Köln. Zu finden bei: https://www.zartbitter.de/gegen_sexuellen_missbrauch/Praeventionstheater/600_maedchen_jungen_praeventionsmaterialien.php

deutlich „Nein" signalisieren. Diese Bilder eignen sich für Mädchen, die nur eingeschränkte körpersprachliche Vorstellungen und Strategien zur Verfügung haben. Mit den Bildern kann die Unterschiedlichkeit der Körpersignale gezeigt werden.

So können die Bilder in den Kursrahmen eingebettet werden: Ich schaue mit den Teilnehmerinnen die Bildfolgen an und jede darf sich für ein Mädchen bzw. deren Darstellungsform des Neins entscheiden. Danach stellen wir uns wieder in einem Kreis auf und jede darf das von ihr ausgewählte Nein den anderen zeigen. Die gezeigte Variante wird von der ganzen Gruppe gemeinsam wiederholt. Wenn jede Teilnehmerin ihre Variante vorgeführt hat, hat jede der Teilnehmerinnen mehrere und unterschiedliche Nein-Varianten ausprobiert. Danach folgen verschiedene Nein-Runden, um die Darstellungsformen zu vertiefen und zu verankern:

- **Lieblingsvariante:** Jede Teilnehmerin zeigt noch einmal die von ihr gewählte Variante (ohne Wiederholung durch die Gruppe).

- **Neue Variante:** Jede Teilnehmerin zeigt die Variante einer anderen Teilnehmerin. Diese Runde kann mehrfach wiederholt werden, sodass sich eine Bandbreite an Varianten erschließt.

- **Veränderung der Lieblingsvariante:** Die Teilnehmerinnen bestimmen, mit welcher Variante sie sich am wohlsten fühlen, welche am besten zu ihnen passt. Diese Variante wird noch einmal bis mehrmals geübt.

3.3.5 Methodischer Zusammenhang

Der Schockschrei bzw. Nein-Schrei und die Übungsform in Runden gehören zu den Elementen, die in jeder Kurseinheit als Ritual am Anfang der Kursstunde durchgeführt wird. Dadurch kann der Schrei häufig wiederholt werden. Zwei Gründe sind dafür maßgebend: Zum einen ist das Lautwerden und Schreien in einer gefährlichen oder übergriffigen Situation für eine selbstbehauptende Abwehr so wichtig, dass jede Teilnehmerin diese Strategie sehr gut beherrschen und sich aneignen muss.
Zum anderen gehört diese Übung zu den wiederkehrenden Ritualen und strukturierenden Elementen. Sie dient dem Wiedererkennungswert und zeigt die neu erlangte Kompetenz.

3.4 Sicherheitsabstand und Distanzen

3.4.1 Grenzüberschreitungen

Theorie

Die Distanz, d. h. der Abstand zu anderen Menschen, entsteht nicht zufällig, sondern ist bedeutsam. Menschen halten genau den Abstand zueinander ein, bei dem sie sich wohlfühlen. Vertraute Personen dürfen näher kommen als Fremde oder Personen, die ich nicht mag oder denen ich nicht traue. Der Abstand zur jeweiligen Person ist also abhängig von der Person selbst, meiner Beziehung zu ihr und der Situation, in der wir uns befinden.

Einen zu geringen Abstand empfinde ich als Grenzüberschreitung: Meine persönliche Grenze, der mir angenehme Abstand, wird nicht eingehalten. Ich fühle mich unwohl. Wenn der Fremde mir wegen des Gedränges im Bus zu nah rückt, ist dies erst einmal nur unangenehm, aber nicht gefährlich. Viele Leute sind anwesend und könnten mir gegebenenfalls zu Hilfe kommen. Das Ganze sieht anders aus, wenn die Person mir an einer einsamen Ecke in der Stadt zu nahe kommt. Dann, ohne weitere Anwesende, ist der geringe Abstand ein Risikofaktor und mein Gefühl gibt mir Alarmsignale.
Mein Gefühl sagt mir, wenn mir jemand zu nahe kommt und meine persönlicher Abstandswunsch ignoriert und meine Grenze überschritten wird. Diese Grenzüberschreitung kann ein Warnsignal sein, das ich beachten muss, um mich frühzeitig wehren zu können.
Dieses **Gefühl der Grenzüberschreitung** muss wahrgenommen werden, denn es fungiert in diesen Situationen als **Warnsignal.**

3.4.2 Sicherheitsabstand

Wenn ich eine Person oder ihr Verhalten in einer Situation nicht einschätzen kann, halte ich zu ihr einen Sicherheitsabstand ein. Der Sicherheitsabstand sollte so groß sein, dass ich nicht festgehalten oder durch einen Schlag erreicht werden kann.

Als Sicherheitsabstand bezeichne ich die Distanz, die ich zu jemandem einhalte, dem oder der ich nicht traue und von dem ich nicht weiß, was ich von ihm oder ihr zu erwarten habe. Diese Distanz muss so groß sein, dass die Person, der ich misstraue, mich nicht von sich aus berühren kann.

Bei Mädchen oder jüngeren Kindern sollte dieser Abstand deutlich größer sein. Er sollte ausreichen, dass sie die Möglichkeit haben, wegzurennen. Dies bedeutet, dass die Entfernung dazwischen so groß sein muss, dass es den potenziellen Angreifer zwingt, einen oder zwei Schritt(e) zu machen, um den Mädchen so nahe zu sein, dass er sie festhalten könnte. Diese zwei Schritte, die er benötigt, können sie nutzen, um sich zu entfernen und sicher wegzukommen.
Diese Abschätzung der Distanz kann als gute Regel für undurchschaubare, noch nicht geklärte Situationen gelten.

Befinde ich mich in keiner akuten Gefahrenlage, ist der Sicherheitsabstand abhängig von der jeweiligen Situation.
Im Bus oder im Gedränge einer Schlange kommen mir andere Menschen wesentlich näher. Dies ist durch die Situation so vorgegeben. Auch wird sich im Gedränge eines Schulfestes ein Mädchen ohne Bedenken mit dem ihr noch unbekannten Cousin einer Mitschülerin unterhalten können. In diesen Situationen stellt die Anwesenheit der anderen Menschen den Schutz dar und der potenzielle Angreifer ist dadurch eingeschränkt.

3.4.3 Überschreitung als Warnsignal

Halte ich mich aber am späten Abend im Stadtzentrum auf und ein Fremder kommt auf mich zu, sollte mir meine Wahrnehmung relativ früh die Sicherheitszonen signalisieren und mir mitteilen: „Pass auf und nimm die Hände aus den Hosentaschen." Wenn der Fremde ohne mich zu beachten an mir vorbeigeht, brauche ich mich ebenfalls nicht weiter zu beunruhigen und schiebe meine Hände wieder in die Taschen. Wenn er sich allerdings nähert und die Distanz unterschreitet, in der für mich ein Gespräch mit einem Fremden nachts in der Stadt noch angenehm ist, ist dies ein Alarmzeichen.

Wenn die Distanz für das Verhältnis zu der Person nicht stimmt, die oder der Fremde also zu nahe kommt, wird dies als unangenehm empfunden. Dieses Gefühl der Grenzüberschreitung muss wahrgenommen werden. Die Grenzüberschreitung ist ein Übergriff und das Gefühl vorher, das diese wahrnimmt, ist ein Warnsignal.

3.4.4 Aufbau und Einhaltung des Sicherheitsabstands

In der Realität wird der Sicherheitsabstand dadurch aufgebaut, dass ich mein Gefühl wahrnehme und den Abstand, der mir zu der jeweiligen Person angenehm ist, einhalte und nicht näher an diese Person heranrücke. Im Idealfall findet die Kommunikation in diesem Abstand statt, und wir gehen danach auseinander.

Wenn mein Gegenüber diesen Abstand aber nicht respektiert und sich mir nähert, muss ich, technisch gesprochen, den Sicherheitsabstand korrigieren oder erzwingen. Wenn ich deutlich signalisiere, dass ich mehr Abstand haben will und dies auch tatkräftig umsetze, kann ich damit einen geplanten Angriff eventuell im Keim ersticken. Auf einer non-verbalen Ebene zeige ich damit, dass ich die Situation in ihrer potenziellen Gefährlichkeit wahrnehme und mich darauf einstelle.
Das Mädchen, das direkt wegläuft und die Jugendliche, die sich schnell wieder ihren Freunden anschließt oder in die nächste Kneipe hineinrennt oder die den Angreifer laut anbrüllt, hat damit die besseren Karten.

Wird der Sicherheitsabstand durch Bekannte unterschritten, kann ich ebenfalls reagieren und den Abstand so korrigieren, dass ich mich wieder wohlfühle.

3.4.5 Demonstration: Vermittlung des Sicherheitsabstandes

Um zu erklären, um was es geht, empfiehlt sich hier eine kleine Demonstration. Die Kursleiterin erklärt mit einer Partnerin, wie der Abstand beschaffen sein muss, damit er für das Mädchen sicher ist:

- Außerhalb der Reichweite der Arme und auch Beine der Kursleiterin.
- Der Abstand muss so weit sein, dass er die Kursleiterin zu mindestens zwei Schritten zwingt, um das Mädchen mit den Händen zu erreichen.

Diese zwei Schritte sind essentiell, um zu ermöglichen, dass das Mädchen wegrennen, die Flucht ergreifen und nicht eingeholt werden kann.

Demonstration:
Abstand gering → Mädchen kann gepackt werden.
Abstand groß → Mädchen kann die Flucht ergreifen.

Die Täterforschung besagt, dass Täter in der Regel einem Mädchen oder Kind nicht hinterher rennen.[13] Dies wäre auch ein zu auffallender Vorgang.

Sicherheitsabstand im Rollstuhl
Der Sicherheitsabstand im Rollstuhl ist bedeutend länger, größer, um den Winkel, in dem die Rollstuhlfahrerin ihr Gegenüber anschaut, möglichst flach zu halten. Je flacher dieser Winkel ist, desto schlechter kann eine Machtdemonstration von oben ausgeführt werden. Je steiler der Winkel ist, desto mehr muss die Rollstuhlfahrerin nach oben schauen, desto unangenehmer ist dies für sie und desto größer (und mächtiger) erscheint das Gegenüber.[14]

3.4.6 Übungsformen Materialteil: Sicherheitsabstand und Distanzen

Im Folgenden beschreibe ich Übungen, die einzelne Elemente aus diesem Problembereich isoliert üben und ausprobieren lassen. Der erste Teil umfasst eher statische Übungen, im zweiten Teil beschreibe ich Rollenspiele, die die vorausgegangen Strategien dynamisch einbinden.

Beziehung und Situation bestimmen den Abstand

■ **Übung: Blume – Mütze – Herz**
Partnerinnenweise, eine Partnerin geht auf das andere Mädchen zu und hält in ihrer Hand das Symbol der Beziehung. Wenn der gefühlte, beziehungsangemessene korrekte Abstand erreicht ist, sagt das Mädchen „Stopp“, „Nein“ oder „Halt“. Die Partnerin bleibt stehen und legt ihr Symbol auf dem Boden an ihren Füßen ab. Symbole sind Mütze für Fremder, Blume für Freundin, Herz für Liebste und Liebster oder geliebte Person.

Wenn die Symbole für die unterschiedlichen Personen auf dem Boden abgelegt wurden, sind die Abstände für die unterschiedlichen Personen direkt sichtbar. Daran kann die Kernaussage noch einmal verdeutlicht werden: eine Person, die ich liebe, kann nahe kommen, weil sie mir nichts antut. Ein Fremder oder eine unangenehme Person muss einen größeren Abstand zu mir einhalten, da sie mich gefährden kann. Sicher ist nur der oben gezeigte Abstand.

---

13 Interview mit M. Pietschmann-Eschle, Kriminalpolizei Tübingen.

14 Diese Beobachtungen gehen auf die Trainerin für Selbstbehauptung Borghild Strähle zurück. Sie ist Rollstuhlfahrerin und wir haben diese Thesen in den gemeinsamen Trainings für Frauen mit Behinderungen in Werkstätten und im Mentorinnen seit 2015 erarbeitet.

Sicherheit durch den richtigen Abstand

■ Übung: Sicherheitsabstand in Linien

Aufstellung in zwei sich gegenüberstehenden Linien. Alle Mädchen der einen Linie nähern sich ihrer Partnerin in der gegenüberstehenden Linie. Diese zeigen ihren Sicherheitsabstand durch einen Stopp-Schrei an. Die Partnerin bleibt stehen. In der dadurch entstehenden Sicherheitsabstandslinie kann gezeigt werden, welcher Abstand gut ist, weil sich die Partnerinnen dann nicht erreichen können und welcher Abstand korrigiert werden muss, weil die Mädchen einen zu geringen Abstand gewählt haben. Die Übung sollte mehrmals wiederholt werden.

Wichtig ist dabei die Wahrnehmung der Gefühle. Mein Gefühl sagt mir, ob der Abstand, den die jeweilige Person zu mir einnimmt, der Situation und der Person und meiner Beziehung zu ihr angemessen ist.

■ Übung: Sicherheitsabstand in Linien mit Wegrennen

Zwei Linien von Teilnehmerinnen stehen einander gegenüber. Die Mädchen der einen Linie nähern sich langsam der anderen an. Die Mädchen der anderen Linie reagieren mit dem Stopp-Schrei im Sicherheitsabstand. Die Mädchen der Stopp-Schrei-Linie drehen sich sofort um und rennen ein paar Schritte weg. Die Mädchen, die angeschrien wurden, simulieren einen kurzen Schockmoment und versuchen dann, ihre jeweilige Partnerin, die mit kurzem Vorsprung wegrennt zu fangen. Auch sie haben nur wenige Schritte dafür zur Verfügung. Wenn sie also die Partnerin nicht binnen fünf Schritten gefangen haben, ist das Fangspiel und die Übung beendet.

Erfahrung aus der Praxis

Jüngere Mädchen finden großen Spaß am Wegrennen. Die Übung kann eingesetzt werden, wenn eine Gruppe Bewegung braucht.

Variation: Mit dem Rücken zur Wand

Das Gefühl der sicheren Distanz verändert sich, wenn die Möglichkeiten der Reaktion sich ändern bzw. wenn die Strategien, die ich einsetzen kann, eingeschränkt werden.

Die Partnerin stellt sich mit dem Rücken zur Wand auf. Die Partnerin kann sich in folgenden Varianten nähern:

- Die Partnerin nähert sich in neutraler Haltung.
- Die Partnerin nähert sich betont aggressiv, evtl. mit beleidigenden Äußerungen.
- Die Partnerin nähert sich sehr freundlich, evtl. mit freundlicher Begrüßung oder freundlichem Winken.

Variation: Sitzend gegenüber stehend
Die Partnerin setzt sich auf einen Stuhl. Die Partnerin kann sich in folgenden Varianten nähern:

- Die Partnerin nähert sich normal. Partnerin sagt „Halt", sobald ihr der Abstand zu gering ist oder sagt „Halt" und steht auf.
- Die Partnerin nähert sich und beugt sich über die Sitzende. Wie geht es der Sitzenden?

Hier sollte die sitzende Partnerin nicht in dieser Position bleiben, sondern so frühzeitig aufstehen, dass sie immer noch den Sicherheitsabstand erzwingen kann. Die Übung kann mehrmals durchgeführt werden, da die Partnerin erkennen muss, wann sie aufstehen muss, um noch ausreichend Zeit dafür zu haben.

Diskussion:

- Wie geht es der Partnerin mit dem Rücken zu Wand?
- Welche Möglichkeiten bleiben ihr?
- Wie geht es der Partnerin im Sitzen?
- Wann sollte sie spätestens aufstehen?
- Verallgemeinerung: In welchen Situationen in meinem Alltag ist es besser, stehend die Angelegenheit zu regeln?
  - Wann sitze ich an Bushaltestellen, obwohl ich mich stehend besser fühlen würde?
  - Wann sitze ich und jemand behandelt mich nicht korrekt? Würde und könnte ich aufstehen, um die Positionen zu verändern?

■ Übung: Sicherheitsabstand und Nein sagen aus der Verfolgung
Partnerinnenweise, eine Partnerin geht voraus, die andere folgt ihr mit Abstand. Die Verfolgerin versucht, den Abstand langsam zu verringern. Wenn der Abstand zu gering wird, dreht sich die Vorausgehende um und sagt deutlich „Nein".

■ Übung: Von A nach B gehen[15]
Die Übung wird zu zweit durchgeführt. Eine Teilnehmerin durchquert den zur Verfügung stehenden Raum. Sie geht von A nach B. Sie möchte möglichst zügig nach B kommen. Ihre Partnerin spielt den „Angreifer" und versucht, sie auf ihrem Weg aufzuhalten und sie durch eine Bitte oder ein Anliegen so lange wie möglich in ein Gespräch oder eine Aktivität zu verwickeln, und so von ihrem eigentlichen Ziel abzulenken. Dies kann auf die eingangs beschriebene Täterstrategie Annähern bezogen werden, in der ein Angreifer auch mit Tricks arbeiten könnte. Die Teilnehmerin versucht die Anmache

---

15 Die Übung in ihrer Grundform wird beschrieben in Reichmann, Udo, Sportiv Thema: Selbstbehauptung und Selbstverteidigung. Ernst Klett Schulbuchverlag; Leipzig, 1996, S. 32.

möglichst kurz und deutlich zu beantworten und möglichst schnell ihren Weg wieder aufzunehmen.

Folgende Ideen haben sich in den Kursen bewährt, weil sie mit dem Überraschungsmoment arbeiten: Die jeweilige Partnerin, die von A nach B gehen soll, darf sich durch die Überraschung und durch den anscheinend gezeigten guten Willen nicht ablenken lassen, sondern muss bei ihrer Vorstellung bleiben:

- Sie haben Ihre Geldbörse verloren!
- Sind das Ihre Kopfhörer?
- Kannst du mir einen Euro geben?
- Kann ich deine Handynummer haben?
- Kannst du mir die Uhrzeit sagen?
- Kannst du mir helfen? Ich habe mich verletzt.

Wichtig ist der Sicherheitsabstand und die Eindeutigkeit in der Antwort: „Nein, ich möchte das nicht." „ Vielen Dank, das sind nicht meine Kopfhörer." „Nein, ich kann Ihnen nicht helfen, aber ich kann den Rettungsdienst benachrichtigen!"

3.4.7 Es ist nie zu spät – Korrekturen sind immer möglich

Distanzkorrekturen

Nicht immer respektiert eine andere Person den von mir gewünschten Abstand. Hier ist zu beachten, dass ich nicht in einem Abstand verharren sollte, der mir unangenehm ist. Ich darf ihn revidieren und so verändern, dass es mir damit gutgeht. Ich muss nicht freundlich sein und das aushalten.

Distanzkorrekturen kann ich, wenn ich dies freundlich tun möchte, vornehmen, indem ich z. B. sage: „Ich halte mal ein bisschen mehr Abstand. So fühle ich mich wohler." Und dann wechsle ich das Thema oder nehme mein vorheriges Gespräch wieder auf.

Distanzkorrekturen können in der Stimme durch verbale Aufforderungen erfolgen. In der Mimik drücken sie sich durch eine ernste Miene (kein Lächeln) aus. In der Gestik können die Arme vor dem Körper gehalten und ausgestreckt werden und damit die notwendige Distanz und den Abstand aufbauen. Dabei sind die Hände geschlossen, die Hände und Finger flattern nicht und die Bewegungen sind konzentriert.

Ich kann mich sowohl vorwärts als auch rückwärts bewegen, je nach dem mir zur Verfügung stehenden Raum in der jeweiligen Situation. Ich beachte aber, dass bei den Schrittbewegungen meine Körpermitte vorne bleibt, sodass ich durch die Bewegung rückwärts nicht schüchtern erscheine, sondern durch den nach vorn orientierten Schwerpunkt selbstbewusst aussehe.

Ich kann Gegenstände und Möbelstücke in meine Abstandspolitik einbinden. Ich stelle mich hinter oder vor einen Stuhl, der dann stellvertretend die Distanz zeigt. Und ich zeige nicht mit meinem Finger, sondern mit dem Stift oder Gegenstand in meiner Hand.

■ Übung: Distanzkorrektur in Linien

Aufstellung partnerinnenweise in zwei sich gegenüberstehenden Linien. Die Teilnehmerinnen der einen Linie nähern sich ihrer Partnerin in der gegenüberstehenden Linie. Diese zeigen ihren Sicherheitsabstand durch einen Stopp-Schrei an. Die Partnerin zögert kurz, dann murmelt sie etwas Ablehnendes wie „Ist mir doch egal" und geht zwei Schritte weiter auf ihre Partnerin zu. Diese weicht aus, sie korrigiert ihre Distanz – am besten wie oben besprochen – und wiederholt ihren Stopp-Schrei. Meist hört sich dieser zweite Stopp-Schrei wesentlich energischer an als der erste.

■ Übung: Warten an der Bushaltestelle

Die Übung kann zu zweit durchgeführt werden. Eine Frau wartet an der Bushaltestelle, sitzt dabei auf der Bank im Wartehäuschen. Eine unbekannte Person nähert sich. Wie kann die Betreffende reagieren? Welche Optionen hat sie?

Nach den obigen Vorschlägen:

- Aufstehen
- Aufstehen mit nettem Kommentar: „Ich stehe lieber."
- Aufstehen mit unfreundlichem Gesicht, keine Kontaktaufnahme

3.5 Körpersprache und Haltung

3.5.1 Körpersprache und ihre Bedeutung in der Selbstbehauptung

Unter Körpersprache werden im allgemeinen Sprachgebrauch die nonverbalen Ausdrucksformen bezeichnet, die das Befinden und Wollen einer Person in nichtsprachlicher Form zum Ausdruck bringen.

Der Haltung und dem Gesichtsausdrucks meines Gegenübers kann ich entnehmen, ob ihn oder sie meine Ausführungen interessieren oder langweilen. Hat er oder sie eine entspannte Haltung ohne Muskelanspannung, schweifen die Augen umher und bewegen sich die Hände eher ziel- und planlos, spricht viel

dafür, dass sich dessen Interesse in Grenzen hält. Ich sollte dann meine Form der Darstellung selbstkritisch in Zweifel ziehen. Ist die Haltung dagegen mit muskulärer Spannung verbunden und geht mit einem aufmerksamen, d.h. fokussierten Blick einher, muss ich mir über Langeweile keine Gedanken machen.
In meiner Darstellung sind folgende Bereiche berücksichtigen: Gestik, Mimik, teilweise Haptik und die Bewegung im Raum.

Es ist nicht eindeutig geklärt, ob nonverbale oder körpersprachliche Äußerungsformen, also Arten und Formen sich zu geben und zu bewegen, vollständig erworben werden oder in Teilen angeboren sind. Als angelernt sind sie qua Sozialisation abhängig von den kulturellen Gegebenheiten und Gewohnheiten, dem Kulturkreis, in dem die Sozialisation stattfindet. Dies funktioniert sowohl aktiv als auch passiv. Ich persönlich hänge eher der Theorie an, dass vieles in diesem Bereich erlernt und erworben ist.[16]

In der Regel transportiert die Körpersprache Informationen zu Gefühlen und Befindlichkeiten, zu Geschlecht und zu sozialem Status des Gegenübers. Diese Informationen werden sehr schnell wahrgenommen und sie bilden die Grundlage der Einschätzung einer Person, vor allem dann, wenn der- und diejenige sich unbekannt sind und sie zum ersten Mal aufeinandertreffen.

Und damit sind wir bei der Relevanz des Themas Körpersprache für die Selbstbehauptung und Selbstverteidigung. Ein potenzieller Täter oder Angreifer nimmt den ersten oder gegenwärtigen Eindruck zur Grundlage seiner Entscheidung. Im Prinzip sucht er ein leichtes Opfer, er sucht sich kein Mädchen oder keine Frau als Opfer, von dem oder der er annimmt, dass sie sich ihm gegenüber zur Wehr setzt oder schon gar keine, von der er den Eindruck bekommt, das sie sich massiv verteidigt.[17] Also wird ein Täter versuchen, eine Frau oder ein Mädchen richtig einzuschätzen. Und ihre Körpersprache ist eben dafür eine der Grundlagen. Vermutlich versucht er auch, ihre Abgrenzungsbemühungen einzuschätzen, sie daraufhin abzuchecken, ob sie tatsächlich umgesetzt werden oder nicht. Und Täter haben oft eine gute Wahrnehmung für Unstimmigkeiten zwischen dem, was gesagt und dem, was körpersprachlich gezeigt wird.

Wenn ein Mädchen oder ein Frau zu der Person, die ihre Grenze überschreitet, „Nein“ oder „Lass mich in Ruhe“ sagt, dies aber in einer eher schüchternen

[16] Ich möchte eine Diskussion an dieser Stelle vermeiden. Ich verweise dafür und für weitere Informationen auf die Sekundärliteratur in der Rubrik „Körpersprache“ der Literaturliste.

[17] Vergleiche auch: de Becker, Gavin, Mut zur Angst: Wie Intuition uns vor Gewalt schützt. Frankfurt am Main; Fischer Taschenbuch Verlag, 2001.
Nolting, Hans-Peter, Lernfall Aggression: Wie sie entsteht - wie sie zu vermindern ist. Eine Einführung. Reinbek bei Hamburg, Rowohlt Taschenbuchverlag; 2. Aufl. 2007.

Art und Weise, ist dies ein Widerspruch. Diesen nimmt der „Angreifer" deutlich war. Er nimmt die Angst wahr und wird weitermachen. Ambivalenzen dieser Art nutzt ein Täter aus. Grenzt sich also ein Mädchen oder eine Frau ab, sollte dies in einer eindeutigen Art geschehen, nur dann kann sie den gewünschten selbstsicheren Eindruck erwecken und vermitteln. Und dieser Eindruck entsteht, wenn ihre verbale Äußerung und ihre Körpersprache in ihrer Aussage übereinstimmen.

Dies umso mehr, als meist die Körpersprache überzeugender ist als die verbale Ebene. Dies bedeutet: Widersprechen sich verbaler und nonverbaler Ausdruck, ist die nonverbale Ebene überzeugender und wird als zentrale Aussage wahrgenommen.

Dieses Wissen kann ich mir zudem nutzbar machen, indem ich versuche, meinen Handlungsspielraum in übergriffigen Situationen durch körpersprachliche Komponenten zu vergrößern. In potenziell übergriffigen Situationen versuche ich, die Situation im Vorfeld durch das entsprechend ausgedrückte Selbstbewusstsein zu entschärfen.

Ich möchte dies anhand eines Beispiels illustrieren:
Eine Gruppe Jugendlicher sitzt im Park und vertreibt sich die Zeit. Das Handy einer Jugendlichen, nennen wir sie Karla, klingelt. Ein Junge greift nach ihrer Tasche, holt das Handy heraus und gibt ihr das Handy. Während Karla telefoniert, fängt er an, ihre Tasche auszuräumen und den Inhalt zu kommentieren. Karla findet das nicht wirklich gut. Wenn Karla will, dass der Junge aufhört, muss sie dies deutlich machen. Dazu hat sie zwei Möglichkeiten:
Es ist ihr ernst damit und sie will, dass er aufhört. Dann äußert sie dies deutlich und ohne Kompromissbereitschaft. Auch auf die Gefahr hin, dass sie ihrerseits negative Kommentare zu hören bekommt. „Deutlich äußern" bedeutet, mit einer selbstbewussten Körperhaltung klar zu formulieren – nicht aggressiv, sondern in einer klaren, körpersprachlich unterstützten Ansage. Der Standard wäre sozusagen: „Ich möchte das nicht. Lass das. Lass meine Tasche in Ruhe."

Den Unterschied in der Abwehrreaktion macht die Körpersprache. Wenn sich Karla vor dem Jungen aufbaut, mit klarer Gestik ihre Wünsche unterstreicht und dann erst einmal kurz abwartet, erhöht sie die Wahrscheinlichkeit, dass ihrem Wunsch Rechnung getragen wird. Wenn Karla in schüchterner Körperhaltung, mit leiser Stimme und auf die Tasche gerichtetem Blick ihren Wunsch äußert („Könntest du bitte ..."), wird der Junge vermutlich weitermachen. Er nimmt die mangelnde Klarheit war und beachtet die Aussage („... aufhören") nicht mehr. Er denkt „Die meint das ja gar nicht so" und macht weiter.

Ambivalenzen zwischen Aussage und körpersprachlicher Darstellung werden wahrgenommen und laden dazu ein, die sprachliche Äußerung zu ignorieren und sich an das zu halten, was sichtbar ist, in diesen Fall die Rücknahme der Abgrenzung, das Zulassen und Ignorieren des übergriffigen Verhaltens.

3.5.2 Nicht nur sagen, sondern auch zeigen: Strategien mittels Körpersprache

Um das Thema Körpersprache in einem Kurs einzuführen, empfehle ich folgende Demonstration: Bitten Sie eine Teilnehmerin, als Ihr Gegenüber zu fungieren und ein Experiment mit Ihnen durchzuführen. Sie werden dreimal denselben Satz sagen und anschließend sollen sowohl die Teilnehmerin als auch die Gruppe rückmelden, in welchem Fall die Aussage glaubwürdig ist. Der Satz lautet: „Lass mich in Ruhe oder ich hau dir eine rein!“[18] Individuelle Abwandlungen in Ihrer Darstellung sind natürlich möglich.

Schüchtern: In der ersten Runde stellen Sie sich Ihrer Partnerin gegenüber, nehmen die Arme und Ellbogen eng an den Körper, vergrößern den Abstand, indem sie eine Fußlänge nach hinten gehen, ziehen den Kopf etwas ein und zurück, nehmen den Oberkörper etwas nach hinten, schauen auf den Boden und sagen mit schüchterner Stimme: „Lass mich in Ruhe oder ich hau dir eine rein!“

Uninteressiert – gelangweilt: In der zweiten Runde stellen Sie sich wieder Ihrer Partnerin mit Abstand gegenüber, lassen die Arme locker schwingen, schauen vergnügt irgendwo hin, halten den Kopf gerade und äußern mit uninteressierter oder eher gelangweilter Stimme wieder: „Lass mich in Ruhe oder ich hau dir eine rein!“

Aggressiv – bereit zur Umsetzung: In der dritten Runde verringern Sie den Abstand zu Ihrer Partnerin, lehnen sich mit dem Oberkörper leicht nach vorne um den Abstand weiter zu verringern, heben zumindest einen Arm mit angespannten Muskeln in eher drohender Gebärde, fixieren Ihr Gegenüber

[18] Dieser Satz dient hier als Beispiel und soll nicht als Schockschrei verwendet werden.

und sagen mit erhobener Stimme noch einmal: „Lass mich in Ruhe oder ich hau dir eine rein!"

In der Regel melden die Teilnehmerinnen zurück, dass sie die dritte Version, die Drohgebärden ernstnehmen und die anderen Varianten nicht. In der Diskussion kann ich dann zeigen, dass der Unterschied in der Wahrnehmung der Teilnehmerinnen durch die Körpersprache bedingt ist. Entscheidend ist die Umsetzung der Ansage durch Körpersprache in Gestik, Mimik und Bewegung im Raum. Der Schluss daraus ist: Sagen und gleichzeitig zeigen, denn die Leute können besser sehen als hören.

Faustregel: Was ich sage, muss ich auch zeigen.

3.5.3 Erfahrungen aus meinen Kursen[19]

Als Trainerin mache ich in meinen Kursen immer wieder folgende Erfahrungen: Bei Mädchen mit sogenannter geistiger Behinderung lässt sich oft eine eingeschränkte Körpersprache beobachten. Sie drücken sich wenig körpersprachlich aus. Wir sehen dies im Zusammenhang mit einem eingeschränkten Körperbewusstsein. Hier lässt sich übungstechnisch einiges kompensieren.

Körpersprache kann z.B. beim Nein sagen oder bei der Abgrenzung geübt werden. Dann kann sie zur Verdeutlichung der verbalen Aussage eingesetzt werden. Dabei muss der Blick bzw. die Blickrichtung besonders beachtet werden. Der Blick fokussiert die Abwehr oder die Abwehrstrategie. Manchmal vermeiden es Mädchen mit sogenannter geistiger Behinderung, ihrem Gegenüber direkt in die Augen schauen. Das sollte dann, in Verbindung mit der entsprechenden Handlungsweise, ebenfalls geübt werden.

Bei Mädchen mit einer Körperbehinderung beobachten wir Ähnliches. Mädchen mit einer spastischen Einschränkung scheinen zu lächeln, obwohl dies nicht in ihrer Absicht liegt. In ihrem Fall muss der Fokus von der Mimik weggenommen werden und die Abgrenzung über die Gestik oder die Körperbewegung geführt werden.

Dass es auch eine geschlechtsspezifische Körpersprache gibt, ist Mädchen mit und ohne Behinderungen in der Regel bewusst.

---

19 Körperbewusstsein und Selbstbewusstsein hängen eng zusammen. Vergleiche dazu: Brigitte Sellach: „Die Bedeutung des Selbstbewusstseins für die Teilhabe behinderter Frauen am Arbeitsleben und dem Leben in der Gemeinschaft und deren Förderung in der beruflichen und sozialen Rehabilitation." In: Selbstbewusstsein von Mädchen und Frauen mit Behinderung (§44 SGB IX): Erfahrungen-Erkenntnisse-Visionen, Fachkonferenz 14.–15. Oktober 2005, Düsseldorf. S. 29–36.

Vor allem Gefühle können mit bestimmten Gesten zum Ausdruck gebracht werden, die kulturell bestimmt und in breiter Basis allgemein bekannt und akzeptiert sind. Als Trainerin sehe ich den Beweis dafür in meinen Kursen immer wieder. Mädchen sind sehr wohl in der Lage, die in einer Übungsform dargestellten Gefühle anderer zu erkennen wie auch ihnen pantomimisch die korrekten Gesten zuzuordnen. Dies gilt allerdings erst ab einem gewissen Alter. Ab der dritten oder vierten Klasse sind Mädchen dazu in der Lage, vorher tun sie sich bei der Darstellung von Gefühlen eher schwer.

Bei Mädchen oder Frauen mit sogenannter geistiger Behinderung beobachte ich Ähnliches. Die Darstellung von Gefühlen anhand oder mit Hilfe zugeordneter Gesten oder mimischer Ausdrucksformen fällt ihnen schwer. In der Regel bereitet es ihnen keine Schwierigkeiten, die körpersprachlich zum Ausdruck gebrachten Gefühle richtig zu erkennen und zu benennen.

Meiner Erfahrung nach betrifft dies körpersprachliche Ausdrucksformen, die geschlechtsabhängig sind. Wenn sich beispielsweise Mädchen in einer Art bewegen, die den traditionellen Rollenerwartungen widerspricht, wird dies bemerkt und auch benannt bzw. im entsprechenden Kontext auch sanktioniert. An diesem Punkt kann die Schulung, die auf ein eindeutige Verhalten gegenüber Grenzüberschreitungen abzielt, ansetzen. Ich kann mit Mädchen üben, Gefühle, in diesem Fall Gefühle der Ablehnung und Abgrenzung, eindeutig und klar zum Ausdruck zu bringen.

Mit Mädchen, vor allem auch mit Mädchen mit Behinderungen, muss also geübt werden, wie selbstbewusste Verhaltensweisen aussehen und wie sie überzeugend dargestellt werden können.

3.5.4 Was soll mit den Übungen erreicht werden[20]

Das Ziel dieser Übungen ist es, zum einen ein Bewusstsein für die Wirkung der eigenen Körpersprache zu entwickeln, zum anderen die eigene Körpersprache beeinflussen zu können und so zu steuern, dass das Handeln in schwierigen Situationen angemessen und selbstsicher sein kann. Ich versuche mich so zu verhalten, dass ich bei meinem Gegenüber den Eindruck erwecke, den ich auch bezwecke. Und dies, obwohl ich mich vielleicht nicht hundertprozentig so fühle.

Beispielsweise will ich erreichen, dass ich selbstbewusst aussehe, wenn ich auf eine unangemessene Ansprache antworte. Damit erhöhe ich die Wahrscheinlichkeit, dass der Andere aufhört, weil er mich selbstbewusster und

[20] In der Literaturliste habe ich bei Körpersprache dazu Literatur aufgeführt.

wehrhafter einschätzt als ich mich gerade fühle. Auch wenn ich beispielsweise einer anderen Person einen Wunsch abschlage, ist es besser dabei Selbstvertrauen und Sicherheit zu zeigen, da dies die Wahrscheinlichkeit erhöht, dass der oder die Andere meine Aussage schneller akzeptiert.

Grundlegend ist: Die Übungen dienen dazu, Körpersprache in einzelne Komponenten zu zerlegen, diese zu reflektieren, zu üben und sie dann gegebenenfalls gezielt einzusetzen.

Nun beziehe ich mich auf die eingangs beschriebenen Überlegungen zu Körpersprache in Kapitel 3.5.1. Die Faktoren, die ich dort nannte, sind in gewisser Weise die Komponenten, die wir jetzt isolieren und einüben. Sie erweitern den Handlungsspielraum in übergriffigen Situationen und können potenziell übergriffige Situationen im Vorfeld entschärfen.

3.5.5 Bewusster Einsatz körpersprachlicher Ausdrucksformen – wie geht das?

Bei jüngeren Mädchen ist das Ziel erreicht, wenn sie in schwierigen Situationen darauf achten, gut auf beiden Beinen zu stehen und eine aufrechte Haltung zu bewahren. Aufrecht heißt auch, dass sie ihr Gegenüber im Auge behalten können, gegebenenfalls Blickkontakt aufnehmen können und den Kopf nicht senken, um auf den Boden zu schauen.

Ältere Mädchen können ihre Körpersprache reflektieren und in gewissem Maß beeinflussen. Sie können darauf achten, eine aufrechte Haltung einzunehmen, ihre Bewegungen und Gesten raumgreifend zu gestalten und eine strenge Mimik zu zeigen. Sie sind prinzipiell in der Lage, Gefühle zu zeigen, die sie nicht empfinden und Gefühle wie Angst in gewissen Grenzen zu kaschieren und zu überspielen. Das Ziel wäre, dass sie mit großen, bestimmten Schritten in der Mitte des Gehwegs gehen und ihre Arme locker hängen lassen anstatt sie nervös zu verschränken. Sie können die ihnen Entgegenkommenden offen anschauen – statt auf den Boden zu schauen, um sich klein und damit unsichtbar zu machen.

Die folgende Tabelle soll die Unterschiede etwas verdeutlichen:

Angst:	**Sicherheit:**
- Schultern hochgezogen - Kopf und Blick nach unten gerichtet - Hände zusammen und eng am Körper - Arme oder Ellbogen eng am Körper	- Schultern sind unten - Kopf gerade und aufgerichtet - Hände hängen locker an der Seite - Arme locker, Ellbogen ebenfalls locker an der Seite
- enge, kurze Schritte - Gang leise oder gar lautlos - Muskeln angespannt oder verkrampft	- entspannte, größere Schritte - Schritte hörbar - Muskeltonus eher entspannt
- Atmung flach	- tiefe Atmung

Folgende Regeln fassen dies zusammen:

1. Angst macht klein, Mut macht groß.
2. Angst macht leise, Mut erlaubt Lautstärke.
3. Angst geht nach innen, Mut und Wut gehen nach außen.

3.5.6 „Man muss eine Haltung haben“[21]: Übungen zum Thema Körpersprache

Ein einfacher Zugang zum Thema eröffnet sich über die Darstellung von Gefühlen. Gefühle können sehr gut körpersprachlich dargestellt werden. Über deren Darstellung kann herausgearbeitet werden, welche Elemente zu welchen Gefühlen gehören und welche Wirkung sie bei dem erzielen, der sie wahrnimmt. Wenn klar ist, welche Wirkung ein bestimmtes Element hat, kann ich dieses bewusst einsetzen.

Kurz zusammengefasst gilt Folgendes: Um ein Gefühl, eine Ansage oder eine Aussage erkennen zu können, muss ich die Gestik, die Mimik, die Muskelanspannung und die Bewegung im Raum beobachten. Die ersten Übungen beziehen sich darauf. Die späteren Übung vermitteln, wie ich meine Körpersprache unter Stressbedingungen beeinflusse.

---

[21] Zitat eines Jugendlichen zum Thema Körpersprache

■ Übung: Gefühle-Karten: Darstellung von Gefühlen

Jede Teilnehmerin der Gruppe erhält ein Kärtchen, auf dem ein Gefühl notiert ist. Die Auswahl der Gefühle-Karten sollte das Alter der Teilnehmerinnen berücksichtigen. Jüngere Mädchen brauchen eindeutige und einfach darzustellenden Gefühle wie: vergnügt, zornig, ängstlich. Ältere Mädchen können auch feinere Unterschiede darstellen: ängstlich – traurig, cool – gelangweilt, zornig – beleidigt.

Die Gefühle werden von den Teilnehmerinnen einzeln oder zu zweit dargestellt, im Stehen und in Bewegung. Dies geschieht am Besten in einem Halbkreis, so dass die darstellenden Mädchen von allen gesehen werden können. Wenn die Mädchen sehr schüchtern sind, können sie die Gefühle auch in Kleingruppen von drei bis vier Teilnehmerinnen vorspielen.
Die anderen Teilnehmerinnen erraten das Gefühl. Wenn das Gefühl erraten wurde, kann direkt im Anschluss geklärt werden, woran die Mädchen das Gefühl erkannt haben und welche Charakteristika ein Gefühl eindeutig zeigt. Typische Gesten oder die typische Mimik eines Gefühls können so herausgearbeitet werden.

Beispiele:

„Ängstlich": Schultern sind hochgezogen, Arme eng am Körper, Schritte sind klein, eng und leise, Blick eher nach unten, auf den Boden gerichtet.
Typische Bewegung kann sein: zurückweichen, Oberkörper nach hinten nehmen.
Typische Mimik kann sein: zu Boden schauen, keinen Blickkontakt aufnehmen.

„Zornig": Muskeln sind angespannt, Bewegungen (Arme und Beine) raumeinnehmend, Schritte breit und hörbar.
Typische Bewegung kann sein: aufstampfen oder Fäuste ballen.
Typische Mimik kann sein: Stirn runzeln, stechend schauen.

Zusätzliche Vorschläge für die Darstellung von Gefühlen
vergnügt, zornig, ängstlich. Ältere Mädchen: ängstlich – traurig, cool – gelangweilt, zornig – beleidigt.

Schüchtern, wütend oder sauer, schmollend, nervös, aufgeregt, angeberisch oder hochnäsig, nachdenklich.
Gemein oder zickig, verliebt, verträumt.
Gut gelaunt, sicher und selbstbewusst, stark.

Erfahrung aus der Praxis
Manche Gefühle, beispielsweise verliebt oder verträumt, nervös oder aufgeregt, cool oder gelangweilt, sind eher schwer darzustellen. Sie sind nicht trennscharf abzugrenzen. Verliebt und verträumt sieht sehr ähnlich aus. Der Unterschied lässt sich nur schwer eindeutig festmachen. Die Gefühle sollten nach der Bedeutung erraten werden.

Ältere Mädchen können solche Gefühle darstellen. Jüngere Mädchen (7–9-jährige Mädchen) sind damit überfordert.

Manche Gefühle werden leichter zu zweit dargestellt. Beispielsweise bei der Darstellung von „gemein" oder „zickig" ist es hilfreich, ein weiteres Mädchen beizuordnen, dem gegenüber das darstellende Mädchen ihr Gefühl ausdrücken kann. Als „gemeine" Person kann sie zum Beispiel andeuten, die andere an den Haaren zu ziehen.

Gesten, die eindeutig zuzuordnen sind, machen die Darstellung von Gefühlen, aber auch von Aussagen leichter.

Wichtig bei der Durchführung der Übung
Die Kursleiterin muss dringend darauf achten, dass kein Mädchen ihr Gefühl zu lange zeigen muss und dadurch vorgeführt wird. Wenn das Gefühl nicht zügig erraten wird, muss die Kursleiterin eingreifen. Sie kann entweder aufstehen und ebenfalls pantomimisch das Gefühl darstellen oder sie kann der Gruppe deutliche Hinweise geben. Sie muss dann die Verantwortung sozusagen von dem Mädchen nehmen und auf sich oder auf das Gefühl lenken. „Das war das Gefühl, das am schwierigsten zu erraten war. Das hast du gut gemacht." Oder: „Das war mein Fehler, ich hab die anderen leider auf eine falsche Spur gebracht. Du hast das super gemacht."

Achtung: Kein Mädchen darf mit dem Gefühl, bei einer Übung versagt zu haben, aus der Kurseinheit hinausgehen.

■ Übung: Aufforderungen – Karten: „Geh mir aus dem Weg!"

Statt der Gefühle sollen Aufforderungen oder Ansagen dargestellt werden:
„Geh mir aus dem Weg!"
„Sitz nicht so nah neben mir!"
„Du kommst hier nicht durch!"

Die Übung wird zu zweit oder zu dritt durchgeführt. Manche Aufforderungen erfordern eine Darstellung des Kontextes. Diesen deutet die Partnerin an. Beispielsweise soll ein Mädchen zeigen: „Lass mich in Ruhe!" Um diese Ansage darzustellen, muss die Partnerin sie in passender Weise bedrängen. In diesem Zusammenspiel erschließt sich die Aussage für die anderen leichter.

Die Zweier- oder Dreier-Gruppe erhält die Aufforderung, die sie gemeinsam darstellen soll. Sie bekommen ca. 5 Minuten Besprechungszeit, in denen sie ihre Pantomime entwickeln können. Die Darstellung geschieht wieder in einem Halbkreis, so dass die darstellenden Mädchen von allen gesehen werden. Bevor die Kleingruppe ihre Pantomime beginnt, benennt sie die Partnerin, die den zu erratenden Satz darstellt und diejenige, die zuarbeitet, also den Kontext darstellt.

Zusätzliche Vorschläge für die Darstellung von Aufforderungen

Vorschläge für Aussagen
Der Kontext ist meist selbsterklärend. Er wird durch die Partnerin gespielt.

Zweier-Gruppen
- „Kannst du mir deine Tasche geben!"
- „Hör auf! Lass mich in Ruhe!"
- „Nein, ich will nicht mit dir reden!"
- „Ich habe auch Hunger, kannst du mir etwas zu essen abgeben!"
- „Meine Jacke ist am Rücken schmutzig. Kannst du sie abputzen?"
- „Komm her, ich möchte mit dir reden!"
- „Mir ist kalt, kannst du mir deine Jacke leihen?"
- „Mir tut mein Arm so weh. Kannst du meine Tasche tragen?"

Ausführliche Vorschläge (Kontext wird ausdrücklich benannt)
- *Ein Mädchen fordert die andere auf mitzukommen. Das Mädchen möchte nicht und zeigt:* „Nein, ich möchte nicht mitkommen!"
- *Ein Mädchen möchte weggehen. Die andere zeigt:* „Du gehst nicht weg. Ich will, dass du da bleibst!"
- *Ein Mädchen will die andere zur Begrüßung umarmen. Die andere zeigt:* „Lass mich, ich mag das nicht. Ich möchte nicht umarmt werden."
- *Ein Mädchen ärgert die andere. Sie zeigt:* „Hör auf, lass mich in Ruhe."

Dreier-Gruppen
- *Drei Mädchen stehen zusammen. Eine zeigt den anderen beiden:* „Komm her, ich möchte mit dir reden! Aber deine Freundin soll weggehen!"
- *Drei Mädchen stehen zusammen. Eine zeigt den anderen beiden:* „Du sollst mitkommen. Aber deine Freundin soll weggehen!"

Erfahrung aus der Praxis
Wiederum gilt: Sind die Ansagen mit eindeutigen Gesten verbunden, sind sie leichter zu erraten. Jüngeren Mädchen macht diese Art der Pantomime viel Spaß. Es ist eine gute Übung, um eine gelöste und gute Stimmung in der Gruppe herzustellen.

■ **Übung: Pantomime-Übung**[22]
Die Teilnehmerinnen finden sich paarweise zusammen. Beide Partnerinnen erhalten eine unterschiedliche Aufgabe, die sie der Partnerin pantomimisch mitteilen müssen, was heißt, dass sie nicht reden dürfen.

Aufgaben sind beispielsweise: Partnerin soll einen Schuh ausziehen. [23]
Aus einer Schale mitgebrachter Süßigkeiten darf die Partnerin nur Süßigkeiten einer bestimmten Farbe oder in einer eine bestimmt Anzahl auswählen.

Natürlich beobachten die Mädchen sich gegenseitig. Wenn eine Teilnehmerin die Ansage nicht gut darstellen kann, kann sich ihre Partnerin auch bei den anderen informieren. Trotzdem muss auch hier die Kursleiterin darauf achten, dass kein Mädchen sich zu lange abmühen muss.

3.5.7 Übungen zum Thema Körpersprache: bewusster Einsatz körpersprachlicher Elemente

Nein sagen: Darstellung „Nein"
Nein ist sozusagen ein Spezialfall aus dem Bereich der Gefühle und der Ansagen. In einer Situation, in der ich mich behaupten muss, ist die Ansage „Nein" gleichbedeutend mit einem Befehl. Damit dieser Wirkung zeigt, muss die Körpersprache passen. Auch hier gilt die Regel: **Was ich sage, muss ich auch zeigen**. Wenn verbale Aussage und körpersprachliche Aussage divergieren, bin ich angreifbar, da mein Gegenüber die Aussage in Frage stellt und daher weitermacht.

Zu einem deutlichen Nein gehört eine aufrechte Körperhaltung, eine angemessene Körperspannung und eine Gestik, die Distanz aufbaut, aber nicht

---

22 Die Anregung für diese Übung als Pantomime stammt aus dem Manual von Ralf Posselt. Ich setze sie als Pantomime ein, mit Beispielen, die dem jeweiligen Alter der Teilnehmerinnen entsprechen. Siehe: Ralf-Erik Posselt, „Deeskalationstraining Gewalt" in: H.U. Brinkmann, S. Frech R.-E. Posselt (Hrsg.): Gewalt zum Thema machen: Gewaltprävention von Kindern und Jugendlichen, bpb bundeszentrale für politische Bildung, lpb Landeszentrale für politische Bildung Baden-Württemberg, Gewaltakademie Villigst, 2011, überarb. Erw. Neuauflage 2011, S. 199–221, S. 214.

23 Ebd. S. 214

in den Bereich des Anderen hineingreift. Die Mimik ist ruhig und bestimmt, nicht verärgert oder verzerrt.

Wenn ich also Nein sage, muss ich dies auch körpersprachlich vermitteln. Nur dann bin ich glaubhaft. In Gruppen mit jüngeren Mädchen oder Gruppen von Frauen und Mädchen mit Behinderungen muss gezeigt werden, wie ein überzeugendes Nein aussieht. Ihnen fällt dies nicht leicht und daher ist die folgende Übung sinnvoll.

■ Übung: Nein zeigen mit den Nein-Leporellos

Gerne setzte ich die Leporellos von Zartbitter Köln[24] ein. Das Leporello stellt unterschiedliche Mädchen dar, die Nein sagen und dies deutlich und unterschiedlich zeigen.

Alle Teilnehmerinnen schauen die Leporellos an. Jede sucht sich ein Mädchen aus, das ihr am besten gefällt. In der Gesprächsrunde darf jede ihr ausgewähltes Mädchen bezeichnen und, soweit möglich, erklären, warum sie eben dieses Mädchen gewählt hat. Wenn möglich, kann man hier diskutieren, welche Mädchen eher cool, welche bestimmt oder welche wütend aussehen.

Dann gehen wir über zu einer Runde im Stehen, wie der Kiai-Kreis, der jede Einheit einleitet. In dieser Runde sagt und zeigt jede ihr vorher ausgewähltes Nein. Die anderen wiederholen direkt danach gemeinsam die gezeigte Variante. Auf diese Weise stellen alle ihr eigenes Nein und in der Wiederholung des Neins der anderen verschiedene Varianten dar.

In folgenden Runden kann dies variiert werden:

- Jede zeigt ihre ursprünglich gewählte Variante.
- Jede zeigt eine Variante, die sie gesehen, aber noch nicht ausprobiert hat.
- Jede zeigt ihre Lieblingsvariante.

Wenn ich als Trainerin sehe, dass die meisten immer das Gleiche zeigen, kann ich Vorgaben machen, um besonders eindeutige Formen oder seltener eingesetzte, aber eindeutige Variationen einzuführen. Vor allem bei Mädchen mit Behinderungen ist dies sinnvoll. Dann zeige ich als Trainerin beispielsweise ein Nein mit verschränkten Armen, das alle in der Runde nacheinander wiederholen.

Erfahrung aus der Praxis

Diese Runden mit Vorgaben sind in Kursen mit Mädchen mit Behinderungen wichtig. Meiner Erfahrung nach haben Frauen und Mädchen mit kog-

---

24 https://zartbitter-shop.de/shop/nein-ist-nein-selbstbehauptungstipps-fuer-maedchen/

nitiven Einschränkungen ein geringeres Repertoire an körpersprachlichen Ausdrucksformen. Dies versuche ich mit diesen Übungen zu beeinflussen. Allerdings ist der Erfolg dabei von Faktoren abhängig, die ich in einem Kurs nicht in der Hand habe. Neuere Erkenntnisse bei Frauen mit Lernschwierigkeiten gewichten verstärkt Faktoren wie ständige Wiederholung von Inhalten, um einen Wissenszuwachs oder gar eine dauerhafte Verhaltensänderung zu erreichen.

■ Übung: „Stolz wie eine Königin"

Diese Übung zielt darauf ab, sich mit einer selbstbewussten Haltung in der Öffentlichkeit bewegen zu können.

Eine Teilnehmerin bewegt sich quer durch den Raum und soll dabei Selbstbewusstsein und Sicherheit ausstrahlen:

- mit erhobenem Kopf,
- in aufrechter und damit Selbstbewusstsein signalisierender Haltung,
- geradeaus schauend und ihr Ziel im Blick behaltend,
- Arme hängen locker an der Seite oder schwingen beim Gehen mit,
- Schritte sind groß und nicht auf einer Linie .

Damit sie aufrecht und mit erhobenem Kopf geht und dies auch nicht vergisst, balanciert sie eine Süßigkeit oder beispielsweise ein Gummibärchen auf dem Kopf – eben die Krone der Königin. Dieses sollte sie auch unbeschadet von A nach B bringen.

Der Gang durch den Raum kann in mehreren Durchgängen geübt werden. Ein paar Mal mit Krone, und einmal ohne Krone. So kann der Unterschied wahrgenommen werden und auch gesehen werden, auf was die Teilnehmerinnen auch ohne Krone achten müssen.

Anmerkung: Wenn diese Übung mit Mädchen mit körperlichen Einschränkungen durchgeführt werden soll, ist eine Krone notwendig, die gut auf dem Kopf haftet und nicht verrutscht. In diesem Fall ziehe ich kleine Kirschkernsäckchen vor, da diese sich der Kopfform etwas anpassen und ihren Halt nicht so schnell verlieren.

Die Übung kann auch ohne Süßigkeit durchgeführt werden. Allerdings können Süßigkeiten die Atmosphäre angenehmer machen und die meisten Mädchen reagieren erfreut.

Variation: An einer Gruppe vorbeigehen

Hierbei geht die Teilnehmerin an den anderen Mädchen vorbei, die eine Linie bilden und ihr zuschauen. Die Übende sollte langsam an der ganzen Linie vorbeigehen. Die Linie der Zuschauerinnen macht das Ganze stressiger, da sich die Übende beobachtet fühlt. Wichtig ist für sie, dass die anderen ihr den Stress nicht ansehen und sie ihr Unbehagen nicht in der Körpersprache zeigt. Die Übende muss wie vorher selbstbewusst an den anderen vorbeigehen.

Die Teilnehmerinnen, die zuschauen, können das Stresslevel für die Übende dadurch erhöhen, dass sie kommentieren. Sie stellen eine coole Gruppe dar, der langweilig ist oder die sogar auf Stress aus ist und daher blöde Sprüche macht und lästert. Kommentare wie „Schau mal wer, da kommt!", „Schau, da kommt eine!", „Schau mal, voll peinlich!" oder „Wie langweilig!" sind erlaubt.

Derartige Kommentare setzen das Stresslevel deutlich hoch. Wichtig für die Übende ist dabei nicht die Wahrnehmung der Kommentare, sondern die Konzentration auf die selbstbewusste Körperhaltung und das selbstbewusste Auftreten. Sie übt, trotz des Drucks bei ihrem selbstbewussten Auftreten zu bleiben.

Auflösung der Übung
Die Übung muss mit der Gegenbewegung beendet werden. Das Ende der Übung muss unbedingt positiv sein. Daher sollte sie mit folgendem Durchgang abgeschlossen werden: Wiederum geht die Teilnehmerin an den anderen vorbei. Aber dieses Mal äußern die Zuschauenden positive Sätze wie „Schau mal, wie gut die aussieht!" oder „Voll die Süße/Nette/Liebe!".

Wenn dieses Vorgehen nicht möglich ist, können in diesem letzten Durchgang die anderen Mädchen auch klatschen. Dies hat erfahrungsgemäß den gleichen gewünschten positiven Effekt.

Diskussion
- Wie ging es der Teilnehmerin dabei?
- Wann ist es leicht, wann schwer?
- Wie muss sie innerlich damit umgehen, was muss sie sich sagen, um damit umgehen zu können?

In der Diskussion sollte deutlich werden, dass das geübte aktive Vorbeigehen nicht mit dem Ignorieren und Hoffen, dass alles gut geht, gleichzusetzen ist. Aktives Vorbeigehen heißt, dass ich die Bedrohung wahrnehme und mich für ein deeskalierendes Vorgehen entscheide. Ich bin damit nicht das Opfer ohne Handlungsmöglichkeiten, sondern die aktiv Handelnde.

Erfahrung aus der Praxis
Öffentliche Räume können, vor allem nach Einbruch der Dunkelheit, angstbesetzt sein. Frauen und Mädchen möchten als Teilnehmerinnen in einem Selbstbehauptungskurs auf diese Situation besser vorbereitet sein oder anders als bislang reagieren können. Eine häufige Bewältigungsstrategie ist

die des Ignorierens. Dies kann allerdings ein unangenehmes Gefühl hinterlassen, im Sinne von: Frau hat sich eben nicht behauptet.

Ein vorher überlegter Umgang damit, eine geplante Vorgehensweise verhindert das Gefühl, verloren zu haben. Dazu reicht es aus, eine abgrenzende Reaktion gezeigt zu haben. Wenn ich reagiere und diese Reaktion bewusst einsetze, bleibt mein Gefühl: Ich habe etwas getan. Ich war dem Ganzen nicht ausgeliefert, sondern ich habe reagiert.

Wie die Reaktion aussieht, ist eine andere Sache. Eine Schlägerei als Reaktion ist sinnlos. Meine Reaktion kann aber sein, dass ich mich aufrichte und selbstbewusst weitergehe. Oder dass ich sage: „Lass mich in Ruhe." Oder dass ich denke: Ich gehe vorbei und ich komme da durch. Dann habe ich reagiert, und das macht den Unterschied zu einem Opfer aus.

Häufig sind einige Teilnehmerinnen persönlich betroffen und diese Übungen versetzen sie in Stress. Daher muss ich hier erneut betonen, dass die Übungen freiwillig sind und jede Teilnehmerin nach ihrem Gefühl gehen sollte. Als Kursleiterin muss ich dennoch die Teilnehmerinnen gut im Blick behalten. Gegebenenfalls breche ich die Übung ab und löse sie auf.

Ein geringes, handhabbares Stresslevel ist nicht schlecht, da in realistischen Situationen ebenfalls unter Stress reagiert werden muss.

3.5.8 Übungen zum Thema Körpersprache und Nein sagen

In den folgenden Übungen überschneiden sich die beiden Themen Körpersprache und Nein sagen. In ihnen liegt der Schwerpunkt auf der Schnittmenge, also der Frage: Wie sollte meine Körpersprache aussehen, wenn ich Nein sage und wie übe ich das? Das allgemeine Vorgehen in der Abgrenzung folgt dann in Kapitel 3.6 Nein sagen. Die folgenden Übungen eignen sich vor allem für jüngere Mädchen zwischen 7 und 10 Jahren.

■ **Übung: Das Große und das Kleine Nein**[25]
Die Geschichte wird vorgelesen. Wenn die Mädchen bereits lesen können, lasse ich sie selbst vorlesen.

Wir klären in der Diskussion, warum das kleine Nein kein Gehör findet und warum es dann doch gehört wird. Dabei können die Strategien, die bereits

---

25 G. Braun, D. Wolters: Das große und das kleine NEIN. Mülheim; Verlag an der Ruhr, überarb. Auflage 2009.

geübt wurden, in die Diskussion eingebracht werden: z. B. Laut schreien wie in dem Kiai-Kreis. Oder eben groß machen wie bei dem Thema Körpersprache. Folgende Schlussfolgerung sollte gezogen werden: Wenn das Nein klein bleibt und sich weiter klein macht, geht die Anmache weiter. Wenn das Nein sich bestimmt äußert und sich groß macht, hört die Anmache auf. Für die später folgende Übung sollte dies als Ergebnis stehenbleiben.
Dann spielen wir im Kurs die Geschichte nach. Die Teilnehmerinnen finden sich in Vierer-Gruppen zusammen. Jede in der Kleingruppe entscheidet sich für eine Rolle. Ich kündige an, dass so oft gewechselt und gespielt wird, bis jede alle Rollen spielen kann. Während eine Gruppe spielt, sind die anderen die Zuschauerinnen, die am Ende jeden Stückes auch Beifall klatschen.

Hier bringe ich, je nach Gruppe, manchmal Schokoladenriegel mit. Diejenige, die das Nein spielt, bekommt ihn am Ende der Vorstellung. Auch dies ist ein Mittel, die Stimmung angenehmer und wertschätzend zu gestalten.

■ Übung: Ärgern mit Hansi, Wolfgang und Gertrude[26]

Die Übung greift das vorhergegangene Fazit auf: Wenn das Nein klein bleibt und sich weiter klein macht, geht die Anmache weiter. Wenn das Nein sich bestimmt äußert und sich groß macht, hört die Anmache auf.

Für die Übung sind drei Handpuppen notwendig. Tierfiguren eignen sich am besten. Alle Mädchen stellen sich an unterschiedlichen Stellen im Raum auf. Die Kursleiterin zeigt die Übung mit einem Mädchen, das freiwillig als Erste mitmacht. Die Kursleiterin nimmt eine Handpuppe und geht auf das Mädchen zu. Sie deutet Ärgern mit der Handpuppe an, beispielsweise ziept sie sie an den Haaren oder simuliert ein leichtes Rempeln. Das Mädchen reagiert „als kleines Nein" und wehrt nur leise und schüchtern ab. Die Kursleiterin macht weiter. Das Mädchen reagiert „als großes Nein" und wehrt sich mit einem lauten „Lass mich in Ruhe!".

Die Kursleiterin hört auf und die Handpuppe wechselt zu dem Mädchen, das sich als großes Nein erfolgreich gewehrt hat. Sie darf dann als Nächste mit der Handpuppe ein Mädchen ärgern. Die Kursleiterin kann jetzt die weiteren Handpuppen in die Runde bringen. Die Regel lautet: Stellt ein Mädchen, das geärgert wird, ein kleines Nein dar, darf die Handpuppe weiter ärgern oder aus eigenem Antrieb zu einem anderen Mädchen wechseln. Wehrt sich das Mädchen als großes Nein, wechselt die Handpuppe zu ihr.

---

26 Die etwas altmodischen und uncoolen Namen sind Absicht. So gibt es keine Mitschüler und Mitschülerinnen oder Freunde und Freundinnen der Teilnehmerinnen, die so oder ähnlich heißen. Kein Mädchen kann sich durch die Namensgleichheit angegriffen fühlen. Die Handpuppen stellen ja unangenehme Seiten dar. Da ist es eher unschön, wenn diese wie ihre beste Freundin heißen.

Erfahrung aus der Praxis
Da die Handpuppen sehr beliebt sind, müssen die Mädchen, die einen Wechsel wollen, ihr Nein auch deutlich zeigen – ein sehr wünschenswerter Nebeneffekt.
Ich arbeite mit mehreren Handpuppen, damit mehrere Mädchen gleichzeitig üben können. Bei beispielsweise zehn Mädchen und nur einer Handpuppe sind die Wartezeiten zu lange. Die Mädchen langweilen sich und damit kann es Probleme geben.

3.5.9 Transfer in den Alltag von Mädchen

Aus diesen Übungen heraus ist der Transfer zu Alltagssituationen gut möglich. Mädchen zwischen 7 und 10 Jahren klagen häufig über Situationen im Schulalltag, in denen sie von ihren Mitschülern geärgert werden. Sie erzählen, dass ihnen Sachen wie ihre Mütze oder Stifte weggenommen werden, oder dass sie bei Fangspielen festgehalten werden oder beleidigt werden.

Auf dieser Übung basierend können Mini-Rollenspiele entwickelt werden, die diese Situation in der Schule einbauen. Nach den im Folgenden beschriebenen beiden Übungen kann ich je nach Kursverlauf zu den Rollenspielen zum Thema „Geärgert werden durch Mitschüler und Gleichaltrige" übergehen.

■ **Übung: Nein sagen auf Impuls**
Diese Übung wird wie die Übung **Schubsen und Nein-Schrei** durchgeführt. Der Unterschied ist, dass ich den Mitschüler spiele und die Mädchen nacheinander von mir geärgert werden, und dass die Mädchen jetzt auch körpersprachlich eindeutig agieren.

Die Teilnehmerinnen stellen sich in einem Kreis auf. Ich als Trainerin spiele den ärgernden Mitschüler. Ich gehe nacheinander auf jede zu und „ärgere" sie. Ich kann mit einem Berührungsimpuls, wie Schulter berühren, anfangen und dann zu deutlicheren Reizen wie leichtem Rempeln, Haare ziepen oder leichtem Schubsen übergehen. Die Mädchen sollten mit einem entschiedenen und körpersprachlich eindeutigen Nein reagieren.

Hierbei ist es wichtig, dass ich als „Angreifer" mitspiele, d. h. wenn ich das Nein höre, reagiere ich zerknirscht oder defensiv. Ich gehe zurück und zeige, dass das Mädchen gewonnen hat. Das bestärkt das Mädchen in ihrem Handeln.

Variation: Drei-Phasen-Nein
Auch diese Übung kann hier eingesetzt werden. Die drei Phasen oder die drei Varianten des Neins können nicht nur durch die Lautstärke, sondern auch durch die Körpersprache deutlicher vermittelt werden.

3.6 Nein sagen

3.6.1 Nein sagen: Was gehört dazu?

Nein zu sagen, sich abzugrenzen hat im Kontext der Selbstbehauptung eine besondere Bedeutung. Die Strategie Nein sagen muss vor dem Hintergrund entsprechender Täterstrategien betrachtet werden, denn auch sie ist eine grundlegende Selbstverteidigungsstrategie in schwierigen oder sich gefährlich entwickelnden Situationen.

Wenn ich mich frühzeitig und konsequent abgrenze, vermittle ich meinem Gegenüber, dass ich für mich einstehe und mich verteidigen werde. Dies erkennt sowohl ein sogenannter Fremdtäter, der ein leichtes Opfer sucht, als auch ein Bekannter, der mich zu etwas überreden will, worauf ich nun mal gar keine Lust habe. Entscheidend dabei ist, dass ich umso überzeugender bin, je eindeutiger meine Aussage ist und je einheitlicher das ist, was ich körpersprachlich und verbal übermittle.

Das Thema Körpersprache wurde im vorigen Kapitel behandelt.[27] Die für ein Nein passende Körpersprache ist daraus ein Ausschnitt. Ich benötige vor allem die Strategien, die Selbstsicherheit, Klarheit und Ruhe verdeutlichen. Für die Durchsetzungsfähigkeit beim Nein sagen und der Abgrenzung bleibt die Körpersprache ein gewichtiger Faktor.

Mein Gegenüber nimmt wahr, wenn ich in meiner Aussage nicht sicher bin. Er registriert dies über Unstimmigkeiten und Ambivalenzen zwischen meiner verbalen und meiner körpersprachlichen Aussage. Und er wird sie dann zu seinem Nutzen interpretieren. Auch Gesprächsstrategien, die Freundlichkeit und eher wenig Durchsetzungsstärke signalisieren, wird ein böswilliges Gegenüber für seine Zwecke missdeuten und mit seinem übergriffigen Verhalten fortfahren. Daher lohnt es sich, für bestimmte Gegebenheiten durchsetzungsstarke eindeutige Strategien bereit zu haben.

---

[27] Siehe auch das vorhergehende Kapitel zu Körpersprache Teil 3.5.1 Körpersprache und ihre Bedeutung in der Selbstbehauptung

Das Ziel der folgenden Übungen ist es also, die Teilnehmerinnen für die Strategie Nein sagen zu sensibilisieren und ihnen neue Möglichkeiten an die Hand zu geben, wie sie sich sicher und selbstbewusst äußern können. Das Ziel ist, dass beispielsweise auch schüchterne Mädchen sich so selbstbewusst und sicher abgrenzen können, dass sie sich sowohl gegenüber Bekannten als auch gegenüber Fremden behaupten können.

Wichtige Punkte bei diesem Thema
Um mich verbal behaupten zu können, habe ich die folgende zentrale Punkte zu beachten:

Die **Körpersprache** gehört dazu. Wenn ich Nein sage, sollte meine Körpersprache keine Kompromissbereitschaft signalisieren.

Hartnäckigkeit gehört ebenfalls dazu. Ich kann nicht immer erwarten, dass mein Gegenüber sofort entsprechend meinem Willen agiert. Ich muss meinen Willen dann wiederholt artikulieren. Um mich durchzusetzen, muss ich erneut Nein sagen. Und am besten tue ich dies mit den gleichen oder nur geringfügig veränderten Worten.

„Wer das Thema bestimmt, bestimmt die Interaktion." In der Abgrenzung ist es fundamental, sich nicht von seinem Ziel abbringen zu lassen. Wenn ich Nein meine, sollte ich mich darauf beschränken, dies und genau dies zu sagen. Wenn ich darauf eingehe, warum der andere mein Nein nicht akzeptieren kann, also immer wieder seine Warum-Fragen wahrheitsgemäß oder ausführlich beantworte, ihm gute Ratschläge dafür gebe oder ihm Alternativen aufzeige, dann bestimmt mein Gegenüber das Thema und damit ein Stück über mich. Er bestimmt und hat dann das Gefühl, dass er mich überreden oder manipulieren kann.

In Diskussionen und Konflikten lassen sich **verbale Strategien** einsetzen, die die Machtverhältnisse bzw. die Dynamik in einer Auseinandersetzung beeinflussen. Diese Strategien gilt es zu erkennen. Die Strategien, die sich negativ auf mich auswirken, können erkannt, benannt und offengelegt werden, um deren Einfluss abzuwehren. Die Strategien, die ich selbst einsetzen möchte, gilt es zu beherrschen und an der richtigen Stelle einzusetzen.

3.6.2 Nein sagen mit entsprechender Körpersprache

Körpersprache beim Nein sagen / Blickkontakt
In Situationen, in denen ich Nein sagen oder mich abgrenzen will, sollte ich meine Körperhaltung an der Schutzabwehrhaltung orientieren. Ich stehe aufrecht, meine Schultern sind unten und meine Hände sind vor dem Körper,

damit ihre Gesten meine Aussage unterstreichen können. Abgrenzung kann gut durch Gesten mit flachen Händen in der Nähe der Körpermitte ausgedrückt werden. Statt den Kopf zu schütteln, kann ich diese Bewegung auch oder zusätzlich mit den Händen ausführen.

Ich versuche, mich nicht klein zu machen, sondern eher so groß wie möglich. Meine Miene sollte ernst sein und meine Mimik ruhig. Ich sollte kein wütendes Gesicht zeigen und keine aufgeregte Mimik. Ich schaue die Person an, mit der ich den Konflikt austragen muss.

Die verbale Aussage fußt in den folgenden Übungen immer auf der entsprechenden Körpersprache. Die folgende Übung verdeutlicht dies, da nur eine reduzierte verbale Aussage zugelassen ist und so die körpersprachlichen Elemente wiederholt und vertieft werden können.

■ **Übung: JaJaJa - NeinNeinNein: Körpersprache ausprobieren**[28]
Die Übung wird partnerinnenweise durchgeführt. Eine Partnerin darf nur „Ja" (oder ähnliche Worte wie „doch", „bestimmt" , „bitte" oder „ auf jeden Fall" etc.) sagen, die andere nur „Nein" (oder ähnliche Worte wie „auf keinen Fall," „nie" etc.). Beide Partnerinnen wollen die jeweils andere von ihrem Thema, dem Ja oder Nein überzeugen. Berührungen sind ausgeschlossen. Da sie keine weiteren verbalen Äußerungen zur Verfügung haben, müssen sie ihre Überzeugung körpersprachlich vermitteln. Dies geschieht auf diese Weise:

Strategien:

- **Gesten:** Hände können eine Mauer vor dem Körper errichten. Finger können auf das Gegenüber weisen und einhacken und das Ganze kann auf diese Weise (weil der Sicherheitsabstand verletzt wird), bedrohlichen Charakter annehmen. Oder ich kann mit den flachen Händen runde, vermittelnde Bewegungen außerhalb der Reichweite und des Sicherheitsabstandes meiner Partnerin machen und so eher ein ruhige Atmosphäre bewirken.

- **Vergrößerung oder Verringerung des Abstandes** zwischen den beiden Partnerinnen: Vor allem wenn der Abstand einseitig verringert wird und die Partnerin sozusagen bedrohlich näher kommt, kann sie durchsetzungsstärker wirken. Die jeweilige Partnerin kann reagieren, in dem sie ausweicht. In gerader Linie nach hinten ausweichen signalisiert eher ein Nachgeben. Zur Seite auszuweichen vermittelt dies in geringerem Maß. Wenn der Sicherheitsabstand unterschrit-

---

[28] Diese Übung stammt nicht originär von mir, aber es ist mir nicht mehr möglich, die Quelle zu eruieren.

ten wird, kann sich die Betroffene bedrängt und in die Enge gedrängt fühlen. Die Partnerinnen sollten dies vorsichtig handhaben.

- **Position des Körpers.** Wenn ich der Partnerin frontal gegenüberstehe, hat dies eher einen aggressiven Charakter. Ich kann die Konfrontation herausnehmen, indem ich mich zur Seite drehe. Dann ist nur die Schulter nahe bei der anderen, wir stehen eher in einem rechten Winkel. Diese Position wirkt weniger aggressiv. Bewegt sich eine Partnerin in gerader Linie nach hinten, wirkt sie eher eingeschüchtert. Wenn sie es allerdings schafft, mit den Beinen zurückzugehen, sich mit dem Oberkörper aber nach vorne lehnt, hebt sie diesen Eindruck auf. Der Oberkörper, der nach vorn, zur Partnerin hin orientiert ist, wirkt selbstbewusst. Wende ich mich vollständig ab, signalisiere ich, dass ich die andere ignorieren will.

- **Veränderung bzw. Steigerung der Lautstärke**. In der Auseinandersetzung kann ich laut werden. Allerdings kann ich nicht zu oft sehr laut werden, weil ich dann nur noch schreie. Deswegen setze ich die Lautstärke gezielt zum geeigneten Zeitpunkt ein. Und dann höre ich wieder auf damit.

Die Übung soll verdeutlichen, welche Wirkung die körpersprachlichen Ausdrucksformen parallel zu verbalen Aussage erzielen. In der Diskussion muss herausgearbeitet werden, welche Strategien oder Bewegungen welchen Effekt haben. Beispielsweise wirkt das „Nach-hinten-ausweichen" eher ängstlich, in den Bereich der Anderen eindringen eher aggressiv.

Nur wenn ich reflektiert haben, wie mein Verhalten wirkt, kann ich es auf meine Ziele hin steuern. Und mit Verhalten meine ich jetzt diese körpersprachlichen Strategien, die nur selten reflektiert werden. Damit lasse ich auch Potenziale ungenutzt. [29]

Dies wird beim Thema Eskalation – Deeskalation noch einmal zu diskutieren sein.

---

[29] Dies lässt sich sehr unterhaltsam bei Joe Navarro nachlesen: Joe Navarro: Menschen lesen: Ein FBI-Agent erklärt, wie man Körpersprache entschlüsselt. mvg-Verlag; München 2011.

3.6.3 Nein sagen: zum Thema Hartnäckigkeit

■ Übung: Bewegungsspiel „Eigenen Rhythmus beibehalten“

1. Ich sage Nein! – Nein ich will nicht!
Die Teilnehmerinnen werden in zwei Gruppen aufgeteilt. Jede Gruppe erhält einen Satz: z. B.: **„Nein ich will nicht!“**: Dieser Satz kann mit vier Schlägen rhythmisiert werden. **„Ich sag nein!“**: Dieser Satz kann mit drei Schlägen rhythmisiert werden.

Jede Gruppe übt gemeinsam ihren Satz. Wenn möglich, kann der Satz beim Sprechen durch Klatschen oder Stampfen zusätzlich rhythmisiert werden. Bei Rollstuhlfahrerinnen ist Klatschen nicht möglich, hier können Kopfbewegungen oder Bewegungen mit dem Oberkörper überlegt werden.

2. Linien queren
Die Gruppen stellen sich in zwei Linien auf, die sich gegenüber stehen. Die Teilnehmerinnen stehen dabei Lücke auf Lücke.

Jede Gruppe in ihrer Linie sagt gemeinsam und möglichst im gleichen Rhythmus ihren Satz. Dabei gehen die beiden Linien aufeinander zu und aneinander vorbei auf die andere Seite, dann wieder zurück. Dabei „behaupten“ sie sich mit ihrem Satz und ihrem Rhythmus. Das Ziel ist, die anderen aus ihrem Rhythmus zu bringen und zu verwirren, sich selbst aber im eigenen Rhythmus und eigenen Satz nicht durcheinander bringen zu lassen. Die Gruppe, deren Mädchen sich verwirren lassen, hat sozusagen verloren.

3. Durcheinander gehen
Wenn die vorherige Übungsform gut funktioniert, kann dies freier geübt werden. Jede behält ihren Satz, alle gehen aber mit ihrem Satz und ihrem Rhythmus im Raum durcheinander. Jetzt ist es erlaubt, eine andere absichtlich von ihrem Satz abzubringen, indem man sie verfolgt oder ihr den eigenen Satz immer wieder laut vorsagt.

Erfahrung aus der Praxis
Damit kann die Hartnäckigkeit eingeübt werden. Ich muss mir nicht immer etwas Neues einfallen lassen, um mein Nein zu begründen. Es ist wichtiger, dass ich deutlich mache, dass ich dabei bleibe. Der Irrtum besteht darin anzunehmen, dass ich mich eher durchsetze, wenn ich die Gründe dafür meinem Gegenüber vermittle und er oder sie dies einsieht. Das stimmt eben weniger in den Situationen, die hier Thema sind. Hier geht es darum, meine Position klarzumachen.

„Nein“ denken
Und es gibt noch einen weiteren Punkt für diese Übung. Wir üben, mittels der Körpersprache ein deutliches Nein zu zeigen, wir üben über verbale Strategien, ein Nein deutlich zu äußern und in dieser Übung geht es darum, ein Nein auch zu denken. Ich muss mich auf meinen Satz konzentrieren und darf mich nicht ablenken lassen. Und wenn ich in einer problematischen Situation bin, muss ich mich ebenso darauf konzentrieren, dass ich bei meinem Nein oder eben einer anderen Aussage bleibe und mich nicht durch diverse Gegenargumente ablenken lasse.

■ **Übung: Grenzen und Grenzgängerinnen**
Die Teilnehmerinnen stellen sich in zwei Linien auf, die sich gegenüber stehen und in der jedes Mädchen eine ihr zugeordnete Partnerin in der anderen Linie hat. Zwischen den beiden Linien liegt ein Seil. Das Seil kennzeichnet eine Grenze. Die eine Gruppe will die Grenze überschreiten, die Gruppe auf der anderen Seite des Seils sind die Grenzwächterinnen, die dies verhindern wollen.

Diejenigen, die über die Grenze wollen, dürfen diese nur überschreiten, wenn ihnen die Grenzwächterinnen dies explizit erlauben. Sie dürfen nicht einfach so darüber hinweggehen. Sie dürfen aber versuchen, die Grenzwächterinnen so zu beeinflussen, damit sie ihnen den Weg freigeben. Dabei dürfen sie sich der Grenze soweit nähern, wie es ihnen möglich ist und nützlich scheint und ihre Forderung variieren oder verstärken, bis sie ausreichend Druck aufgebaut haben.

Für ihren Übergang haben sie drei Versuche:

1. **Eine neutrale Bitte oder Anfrage**, die Grenze passieren zu dürfen:
   „Lass mich durch!“
2. **Eine Bitte oder einen Trick** (Dringlichkeit oder Verantwortung zuschieben):
   „Ich hab meine Tasche / meine Fahrkarte vergessen: Kann ich durchgehen?“
   „Ich muss dringend über die Grenze, da meine kleine Schwester dort auf mich wartet! Ich kann sie nicht warten lassen.“
   „Brauchst du Geld? Ich gebe dir 10 €, wenn ich gehen kann!“
   „Ich habe einen dringenden Termin bei meiner Vorgesetzten /Lehrerin. Ich muss unbedingt hingehen können!“
3. **Eine Drohung:**
   „Lass mich durch, sonst passiert etwas!“
   „Lass mich durch oder ich erzähle dem Chef / der Lehrerin, dass du geklaut hast.“
   „Ich erzähle deinem Freund, dass du dich mit einem anderen Jungen triffst.“

Die Grenzwächterinnen lehnen den jeweiligen Versuch ab. Da die Forderungen mehrfach und massiver kommen, müssen die Strategien klar, das heißt bewusst, sein.

Strategien:

- Ich sage Nein und ich zeige dies auch: „Nein, du kannst da nicht durch."
- Ich wiederhole mein Nein und meine Ablehnung, auch mehrfach (Hartnäckigkeit): „Nein, da kannst da nicht durch." „Es geht wirklich nicht und ich kann da auch nichts erklären." „Ich sehe dein Problem, aber du kannst trotzdem nicht über die Grenze."
- Ich begründe meine Ablehnung nicht oder nur ganz begrenzt und sage stattdessen immer wieder Nein. Ich lasse mich nicht in endlose Warum-Begründungsschleifen verwickeln.

Nach der Durchführung tauschen die Partnerinnen die Rollen.

In diesem Rollenspiel kann der Druck wahrgenommen werden, der zum einen durch die Forderungen aufgebaut wird, und zum anderen durch die Tricks, die nicht immer leicht zu durchschauen sind. Das Ziel der Übung ist es, diesen Druck zu spüren, ihn auszuhalten und ihm standzuhalten. In der Realität ist dies ähnlich und kann daher vorweggenommen und reflektiert werden.

Erfahrung aus der Praxis

Die Übung kann gut mit älteren Mädchen und Frauen ausgeführt werden. Bei jüngeren Mädchen und Mädchen mit Behinderungen funktioniert sie als Übung mit Partnerinnen nicht gut. Dies liegt daran, dass die Mädchen nur widerwillig und schwer den Druck aufbauen können und wollen, den ihre Partnerin, die Grenzwächterin, braucht, um ihn überhaupt zu spüren und adäquat reagieren zu können. Im Gegensatz dazu haben Mädchen keine Probleme damit, die Rolle der Grenzwächterin zu übernehmen. Daher sollte die Übung, wenn sie bei Mädchen oder Frauen mit Lernschwierigkeiten durchgeführt wird, als bilaterale Übung, eins zu eins mit der Trainerin erfolgen.

3.6.4 Nein sagen: Zum Thema Erkennen und Einsetzen von verbalen Strategien

In einer Interaktion, in der ich die Wünsche meines Gegenübers ablehne, möchte ich mich durchsetzen können. Ich sollte aber wissen, warum ich mich durchgesetzt habe, um dies gegebenenfalls auch wiederholen zu können. Sich durchzusetzen oder sich zu behaupten hängt nicht immer von sachlichen Argumenten in der Diskussion oder der Berechtigung und Rechtmäßigkeit des Anliegens ab.

Recht haben heißt nicht automatisch Recht bekommen. Wer letztendlich Recht bekommt und sich durchsetzt, hängt vielmehr von den subtilen Strategien und vor allem den Dominanzstrategien ab, die in solch einer Interaktion eingesetzt werden. In den folgenden Übungen geht es darum, diese Strategien, die manchmal subtil und manipulativ sein können, zu erkennen und ihnen wirksam zu begegnen.

In der „Apfelübung" können diese Strategien gut aufgedeckt und verdeutlicht werden. Sie können aber auch „von der anderen Seite" her beleuchtet werden. Die Übungspartnerin übernimmt die Rolle des „Angreifers". Sie möchte die andere unter Druck setzen, eben mit diesen Strategien, und dafür muss sie diese durchdringen und in ihrer Wirkungsweise reflektieren. Und sie kann in diesem Moment die Machtgefühle, die einen Angreifer beherrschen können, ein Stück weit erahnen.

Die Übung wurde von Gitta Mühlen Achs in ihrer Grundform entwickelt und daher zitiere ich sie sehr ausführlich.

■ Übung: Apfelübung[30] oder „Ich verteidige meine Süßigkeit!"

Zwei Partnerinnen üben miteinander. Eine der beiden ist im Besitz des Apfels, die andere möchte ihn haben und versucht, ihn mit verbalen Mitteln zu bekommen. Wenn das Spiel zu Ende ist, wird es in umgekehrter Besetzung oder im Wechsel wiederholt.

Es gibt zwei Varianten:
1. Das Ende ist offen, es bleibt der Besitzerin des Apfels überlassen, ob sie ihn hergibt oder nicht. Sie lässt sich in ihrer Entscheidung von ihrem Gefühl leiten.[31]
2. „In dem „programmierten Misserfolg" soll der Apfel unter keinen Umständen abgegeben werden. [32]

Die Strategien werden drei Gruppen zugeordnet:

1. Unterwerfungsstrategien
„Einfaches Bitten und auch das nachdrücklichere Flehen sind Beispiele für Unterwerfungsstrategien. Dadurch wird die andere Person als mächtig und überlegen ‚konstruiert' und entsprechend respektiert. Sie allein, ihre

---

30 Mühlen Achs, Gitta: Geschlecht bewußt gemacht. Körpersprachliche Inszenierungen. Ein Bilder- und Arbeitsbuch. München; Frauenoffensive, 1998. Beschreibung S. 137–138. Zusammenfassung von mir.

31 Vgl. Mühlen Achs, Gitta: Geschlecht bewußt gemacht. S. 137.

32 Mühlen Achs, Gitta: Geschlecht bewußt gemacht. S. 137.

Weichherzigkeit, Großzügigkeit etc. entscheidet letztlich über Erfolg oder Misserfolg der Strategie.“[33] Man kann so einen Apfel gewinnen, „aber man bezahlt dafür in ‚Statuswährung‘, indem man das Verhältnis als ein ungleiches Machtverhältnis und sich selbst als unterworfen festschreibt.“ [34]

2. Tauschstrategien
„Tauschstrategien (wenn du mir den Apfel gibst, mache ich dies oder jenes für dich, gebe ich dir dieses oder jenes ...) sind symmetrische Strategien, in denen kein ungleiches Machtverhältnis konstruiert wird. ... Letztlich entscheidet das Angebot über den Erfolg der Strategie.“[35]

3. Dominanzstrategien
„‚Fordern‘, ‚Drohen‘, ‚Erpressen‘ etc. sind Dominanzstrategien. In ihnen konstruiert die fordernde Person wieder ein ungleiches Machtverhältnis.“[36] Dabei wird eine Überlegenheit konstruiert, entweder vorausgesetzt oder durch einschüchterndes Betragen oder Androhung negativer Konsequenzen beschworen. Diese Strategie kann das emotionale Klima vergiften.[37] Die Strategie wird überrissen, wenn der Apfel einfach genommen wird . Dann ist die Grenze zwischen Kommunikation und Gewalt überschritten[38].

Meine Empfehlung ist, in einer ersten Runde dieses Rollenspiel mit einer Teilnehmerin vorzuführen. So können alle Teilnehmerinnen die Strategien sehen und die Argumente hören, mit denen das entsprechende Machtverhältnis etabliert wird. Die Teilnehmerin ist in diesem Vorführformat diejenige, die Nein sagt und ablehnt. Ich als Trainerin spiele die übergriffige Person und kann damit darstellen, wie das Machtverhältnis ausgedrückt und formuliert wird.

Beispielhaft könnte dies so aussehen:
„Ich muss unbedingt deine Apfel haben, weil ich so Hunger habe.“
„Der Apfel ist hat bereits faulige Stellen, den kannst du sowieso nicht mehr essen. Ich werfe ihn für dich in den Müll.“
Alternativ kann hier auch abgewertet werden: „Was brauchst du einen Apfel, du isst doch eh schon die ganze Zeit. Das sieht man dir leider auch an.“
„Würdest du mir heute deinen Apfel geben, morgen bringe ich dir dafür einen Apfel oder eine andere Süßigkeit mit.“

---

[33] Mühlen Achs, Gitta: Geschlecht bewußt gemacht. S. 137.

[34] Mühlen Achs, Gitta: Geschlecht bewußt gemacht. S. 137.

[35] Mühlen Achs, Gitta: Geschlecht bewußt gemacht. S. 137.

[36] Mühlen Achs, Gitta: Geschlecht bewußt gemacht. S. 137.

[37] Vgl Mühlen Achs, Gitta: Geschlecht bewußt gemacht. S. 138.

[38] Vgl Mühlen Achs, Gitta: Geschlecht bewußt gemacht. S. 138.

Die anderen Teilnehmerinnen benennen die einzelnen Strategien. Nun können die Erkennungsmerkmale der Strategien und ihre Vor- und Nachteile diskutiert werden.

Erfahrung aus der Praxis
Die Übung eignet sich sehr gut, um mit älteren Mädchen und erwachsenen Frauen diese verbalen Strategien herauszuarbeiten. Die Unterwerfungsstrategien werden von ihnen durchgehend als „Schleimen“ oder „sich einschleimen“ bezeichnet. Dennoch räumen sie oft ein, für eben diese Strategie sehr empfänglich zu sein, vor allem dann, wenn sie die Berechtigung der Bitte einsehen oder gut nachvollziehen können, wenn beispielsweise die Bittstellerin Hunger hat oder Stress bekommt.

Es ist oft nicht sofort erkennbar, dass die Tauschstrategie die fairste Methode von diesen ist. Dies muss unter Umständen herausgearbeitet werden. Oft sehen sich die Teilnehmerinnen entweder in der Rolle des netten Mädchens, das sich den Wünschen der anderen fügt. Dass mit Tauschen das gleiche Ziel erreicht wird, aber dabei mehr für sie bleibt, sollte in der Diskussion geklärt werden.

Mit jüngeren Mädchen geht es auch darum, ihnen klarzumachen, dass sie nicht immer lieb und nett sein und immer ja sagen müssen.

Bei dieser Übung lernen beide beteiligte Partnerinnen. Die eine übt, zu erkennen, wie sie manipuliert werden soll, über Drohungen oder über die vorgegebene Zuwendung des Bettelns, und wie sie dem begegnen kann. Die andere Partnerin wiederum übt, diese manipulativen Strategien einzusetzen, und sie kann auch wahrnehmen, dass diese Strategien der oder dem Ausübenden ein Machtgefühl verleiht. Der Rückschluss ist natürlich, dass derjenige, der so argumentiert, dieses Machtgefühl ebenfalls empfindet, und dann ist es eher denkbar, mit einer dem Machtgefühl des anderen entsprechenden Energie dagegen anzugehen.

3.6.5 Nein sagen: „Wer das Thema bestimmt, bestimmt die Interaktion!“

In der folgenden Übung kann die Bestimmungsmacht über das Thema oder den Inhalt der jeweiligen Kommunikation besonders deutlich erarbeitet und gezeigt werden. Natürlich können hier auch die unterschiedlichen Strategien, die in der vorigen Übung gezeigt wurden, beobachtet werden. Das Augenmerk liegt bei dieser Übung allerdings auf dem Thema der Interaktion.

Übung: Kartenübung oder „Wer ist die Chefin?"

Bei dieser Übung können entweder zwei Kursteilnehmerinnen oder eine Teilnehmerin und die Kursleiterin ein Paar bilden. Es ist empfehlenswert, dass bei dieser Übung ein kleiner Tisch oder eine Ablagemöglichkeit vorhanden ist, auf dem die Kartensortiererin die Karten arrangieren kann.

Die Teilnehmerin erhält einen Stapel Karten[39]. Postkarten oder City-Cards eignen sich gut. Sie hat die Aufgabe, diese Karten zu sortieren oder in einer Art zu arrangieren, die ihr gefällt. Sie beginnt damit. Die Kursleiterin oder Partnerin hat die Aufgabe, sie dabei zu stören, sie zu einem anderen Vorgehen zu überreden oder von ihr eine Karte zu erhalten.

Die Störerin versucht dies zu erreichen, indem sie bettelt:

- „Mein Bruder hat morgen Geburtstag und ich habe noch kein Geschenk."
- „Ich kann mir keine Karte leisten und würde gerne meinem Freund schreiben."

Oder sie hindert durch ständiges Reden und Ablenken die Sortiererin an ihrer Arbeit:

- „Ich finde das falsch, das passt doch nicht."
- „Du solltest das nicht so, sondern anders machen."
- „Dein System funktioniert nicht, meines ist viel besser."
- „Ich will dir doch nur helfen, alleine schaffst du das nicht."

Oder sie kann sogar drohen oder ein wenig beleidigend werden:

- „Du kannst das doch sowieso nicht."

Wenn die Störerin die Entschiedenheit ihrer Partnerin spürt und merkt, dass sie mit ihrer Forderung nicht durchkommt, geht sie weg. Wenn die Partnerin, die sortiert, merkt, dass sie die andere nicht erreichen kann, packt sie ihrerseits ihre Karten zusammen und geht. Sie geht aus der Situation heraus. Nach der Durchführung tauschen die Partnerinnen die Rollen.

Die Versuchung für diejenige, die die Karten behalten will, ist sehr groß, auf die Begründung derjenigen, die die Karten haben möchte, einzugehen und die Ablehnung passend zu formulieren. Darin liegt die Gefahr, denn dann formuliert die Fordernde eine neue Begründung, die die Ablehnende erneut passend zur Forderung ablehnt. Und damit entsteht ein Kreislauf, in dem die Ablehnung ziemlich schnell nicht mehr stichhaltig, nicht mehr glaubhaft ist. Diejenige, die immer wieder Forderungen aufstellt, dominiert in der Diskussion.

---

[39] Wir haben mit Karten gute Erfahrungen gemacht. Mit 50 – 100 Karten kann man gut arbeiten. Dann können auch mehrere Gruppen parallel üben und ausprobieren. Andere Gegenstände eignen sich vermutlich ebenfalls dafür.

Der erfolgreichere Weg ist, die Forderung unabhängig von der Begründung abzulehnen. Sozusagen grundsätzlich, ohne auf den genauen Inhalt der Begründungen einzugehen, der nichts mit mir zu tun hat. Es ist die Begründung der anderen und ich sollte bei mir und meinem Thema bleiben. Dann ist die Ablehnung eindeutig und transparent.

Strategien

Eindeutige Ablehnung: Verbale und körpersprachliche Elemente passen zusammen.

- Ich sage: „Nein, ich kann das alleine."
- Vielleicht auch: „Lass mich einfach in Ruhe!"

Hartnäckigkeit: Ich wiederhole mein Nein und meine Ablehnung, auch mehrfach und immer wieder in den gleichen Worten:

- „Nein, ich habe diese Aufgabe bekommen und ich mache das jetzt. Ich kann das."
- „Nein, ich brauche keine Hilfe, ich kann das alleine."

Ich bestimme das Thema. Das heißt, ich begründe meine Ablehnung gar nicht oder nur mit meiner Aufgabe.

- „Die Lehrerin hat mir das so aufgetragen, ich kann da jetzt auch nichts machen."

Weggehen: Ich gehe aus der Situation heraus und entferne mich. Ich merke, ich komme nicht durch und will meine Aufgabe fertigstellen, daher gehe ich. Ich entziehe mich damit den ständigen Übergriffen. Ich selbst bestimme den Zeitpunkt dafür. Ich bestimme den Endpunkt der Interaktion und bin damit die Bestimmende. Ich kann dazu einen abgrenzenden Satz sagen:

- „Ich rede nicht mehr weiter."
- „Wir lassen das so stehen."
- „Es gibt nichts mehr zu diskutieren."

Erfahrung aus der Praxis
Die Übung kann gut mit älteren Mädchen durchgeführt werden. Mit ihnen entwickelt sich dies relativ schnell zu einem kreativen Rollenspiel. Jüngere Mädchen verheddern die anderen gerne in Warum-Schleifen. „Warum willst du mir keine Karte geben, sag doch?" „Warum musst du sie sortieren?" „Warum soll ich das nicht haben?" Das Ziel des Warum-Bombardements ist es, die andere aus dem Konzept und von ihrer Arbeit abzubringen. Es ist keine echte Frage.

Die Trainerin muss darauf achten, dass diejenige, die sich abgrenzt, Blickkontakt zur Störerin aufnimmt. Vor allem bei Frauen oder Mädchen mit Lernschwierigkeiten kann dies bei dieser Übung wiederholt werden. Blickkontakt ist hier notwendig, da sich ansonsten die Störerin nicht angesprochen fühlt und darüber hinweggeht.

Variation der Übung zu zweit oder zu dritt
In Gruppen mit vielen Teilnehmerinnen, die beschäftigt sein wollen, kann die Übung zu zweit in Zweiergruppen und parallel durchgeführt werden. Die Übung kann auch in Dreiergruppen durchgeführt werden. Die dritte Teilnehmerin beobachtet die anderen und gibt ihnen Rückmeldungen zu dem Rollenspiel. Die Kursleiterin kann folgende Punkte vorgeben, die beobachtet werden sollten:

- Blickrichtung und Blickkontakt
- Eingehen auf Warum-Fragen
- Sich klein machen – sich groß machen
- Immer neue Begründungen bringen

Manchmal sind die Mädchen neugierig und dann ist es gut, wenn eine Gruppe oder mehrere Gruppen ihre Version den anderen vorspielen.

Anhand dieser vorgeführten Rollenspiele können die Strategien noch einmal aufgezeigt und ihre beabsichtigte Wirkung bei der jeweiligen Partnerin erfragt werden.

Variation der Übung als Rollenspiel
Wenn ich als Kursleiterin als der oder die Störende an dem Rollenspiel teilnehme und die anderen Teilnehmerinnen zuschauen, kann ich die Ausgangssituation abwandeln. Das Ganze wird dann unterhaltsamer für die Zuschauerinnen. Folgende Situationen eignen sich für die Variation im Rollenspiel:

Das Mädchen muss die Karten sortieren:

- Ein Mitschüler kommt und will stören.
- Ein Mitschüler kommt und will ein Karte für den Geburtstag seiner Mutter haben.
- Ein cooler Mitschüler kommt und will helfen, weil das Mädchen angeblich zu blöd dafür ist.

Die Klasse der Mädchens nimmt am Weihnachtsmarkt / Ostermarkt / Schulmarkt teil, und die Teilnehmerin verkauft an ihrem Stand Karten.

- Ein Kunde kommt und will den Preis drücken.
- Ein Kunde will fünf Karten für den Preis einer Karte.
- Ein Kunde kommt und bietet Geld für eine Karte und einen zusätzlichen Kuss des Mädchens.

3.6.6 Situationsangemessenes Nein

Die Art und Weise der Abgrenzung hängt letztendlich von der jeweiligen Situation ab. Die Erfahrung zeigt, dass Teilnehmerinnen eines Selbstverteidigungskurses oft befürchten, sie müssten mit größtmöglicher Härte reagieren. Aus dieser Befürchtung heraus lehnen sie die vorgeschlagenen Strategie lieber ab, weil sie niemandem wehtun wollen. Damit ist keinem gedient.

Die sollte nicht so sein. Das Ziel ist immer eine Reaktion, die der Situation angemessen ist. Angemessen ist die Reaktion, die mich unverletzt aus der Situation herausbringen kann. Wenn es also eine harmlose Situation ist, kann ich freundlich reagieren und meinen Wunsch oder meine Ablehnung bestimmt und sicher äußern. Ich brauche aber beispielsweise keine Techniken einzusetzen.

Um dies zu erklären möchte ich weiter ausholen. Situationsangemessen kann ich vor allem im Familien- und Bekanntenkreis reagieren. Dabei setze ich voraus, dass die Betreffende nicht komplett allein und allein gelassen ist, sondern sich Hilfe holen kann. Wenn also der Onkel oder Großonkel die Nichte gerne in den Arm nehmen möchte, diese das aber nicht möchte, kann sie das im ersten Schritt freundlich und respektvoll äußern. Erst wenn der Onkel diese Reaktion übergeht oder weitermacht, dann kann die Nichte ihre Abwehr steigern.

Ich möchte hier an die Täterstrategien erinnern, die hier wichtig werden können. Wenn der Täter die ablehnende Reaktion akzeptiert und nichts weiter unternimmt, ist die Situation geklärt. Wenn der Täter weiterhin übergriffig ist, muss zu der nächsten entschiedeneren Stufe gewechselt werden.[40]

Um diese unterschiedlichen Reaktionsweisen herauszuarbeiten und zu klären, wie und in welchen Komponenten sie sich unterscheiden, würde ich folgende Übung vorschlagen.

■ Übung: Angemessenes Nein

1. In der Diskussion wird besprochen, dass es unterschiedliche Neins gibt:[41]
- bestimmt und freundlich
- nicht mehr freundlich, eher bestimmt
- sehr bestimmt

---

40 Die mögliche Steigerung der Abwehrhandlungen habe ich in 3.1 Eine Bandbreite an Möglichkeiten ausgeführt. Darauf möchte ich verweisen.

41 Siehe auch bei Körpersprache und Nein sagen. Hier könnten die Leporellos „Nein ist Nein" ebenfalls verwendet werden.

- cool und überheblich
- wütend
- sehr wütend

Diese unterschiedlichen Nein-Aussagen bedienen sich einer unterschiedlichen Körpersprache. Dies wird herausgearbeitet und mit den typischen Gesten oder der typischen Mimik gezeigt.

Beispielsweise zeigt sich Wut in einer hohen Muskelspannung, Fäuste können geballt sein. Lautes Aufstampfen ist möglich. In der Mimik ist die Muskelanspannung ebenfalls zu sehen. Die Lippen sind eher zusammengepresst, die Stirn ist gerunzelt. Kein Lächeln ist zu sehen.

Für die Umsetzung gibt es zwei Methoden:
1. Unterschiedliche Neins sind mit Symbolen auf Karten aufgetragen. Die Teilnehmerin darf eine Karte ziehen und spielt dann dieses Nein.
2. Unterschiedliche Neins sind auf einem Würfel befestigt und die Teilnehmerin würfelt ihr Nein aus.[42]

2. Jede Teilnehmerin bekommt eine Variante des Neins:
Sie entscheidet sich selbst für die Art des Neins, die sie ausprobieren möchte.

3. Üben im Rollenspiel:
Die Trainerin übernimmt die Rolle der Fordernden. Sie muss nämlich die Situation auswählen, die zum gewählten oder gewürfelten Nein der Teilnehmerin passt. Der Übergriff wird an diese, vorher bestimmte Art des Neins angepasst.

Hat das Mädchen ein **freundliches Nein** gewählt oder gewürfelt, sind folgende Forderungen – je nach Alter – passend:

- Freundin will sich Fotos auf dem Handy anschauen.
- Freundin will sich etwas ausleihen.
- Freundin will schlecht über andere Freundin reden.

Bei dem **sehr bestimmten Nein** sind – je nach Alter – folgende Forderungen passend:

- Mädchen wird zu Party ins Haus eines Freundes eingeladen, Eltern sind nicht da und sie weiß nicht, wie viele Jungs kommen.
- Mitschüler, der unzuverlässig ist, will sich Geld ausleihen.

---

42 Der Würfel kann mit drei Smiley-Variationen versehen werden: freundlich (lächelnder Mund), neutral (gerade gezogener Mund), wütend (zackiger Mund). Das kann natürlich auch weiter ausdifferenziert werden.

Beim **wütenden Nein** passen – je nach Alter – folgende Forderungen:

- Bekannter des Vaters schlägt Bikini-Fotos vor.
- Mitschüler schlägt Mädchen auf den Po.
- Mitschüler hält Mädchen fest, damit sie nicht in den Aufzug reinkommt, auf den sie angewiesen ist (Rollstuhlfahrerin).

Ebenfalls in die Reaktion einfließen kann die Art und Weise, wie die Forderung geäußert wird. Wenn die Forderung sehr aggressiv geäußert wird, sollte sich die Abgrenzung daran orientieren und umgekehrt.

Variation: Mein innerer Würfel

In der Variante gibt die Kursleiterin eine Situation vor. Die Teilnehmerin „hört auf ihren inneren Würfel" und entscheidet selbst, in welcher Form, also mit welchem Nein sie sich abgrenzt.

3.6.7 Nein sagen: Einsetzen von Strategien in unterschiedlichen Situationen und Schwachstellen

Das Nein-Spiel bringt die bisher genannten Strategien in die Form eines relativ freien Rollenspieles.

Nein sagen im Rollenspiel („Nein-Spiel"[43])

Nach meinem Wissen wurde das Spiel bzw. die Übung zum ersten Mal von Irmgard Schaffrin beschrieben. Es wurde seither in sehr großer Variationsbreite eingesetzt. Und der Begriff Nein-Spiel ist zu einer Art Gattungsbegriff geworden, der abgrenzende Rollenspielen umfasst, die Ablehnungen formulieren und ausdrücken.

■ Übung: Nein-Spiel

In unserer Variante schlage ich vor: Zwei Teilnehmerinnen führen das Rollenspiel gemeinsam durch.

---

[43] Beschreibung des Spiels nach der Autorin Irmgard Schaffrin: „Ein Mädchen stellt sich in die Mitte. Sie hat die Aufgabe, die Forderungen, die an sie gestellt werden, abzulehnen. Dabei kann sie Stimme, Gestik und Mimik einsetzen. Die Ablehnung soll so deutlich und bestimmt ausgedrückt werden, dass die anderen von ihren Forderungen ablassen. ... Ziel ist es, die Forderungen wahrzunehmen, sich nicht durch die Diskriminierungen verunsichern zu lassen und eine hundertprozentige Ablehnung zu formulieren. Kompromisse sind nicht erlaubt." In: Schaffrin, Irmgard: Ein Mädchen sagt nein ... und dann? S. 143. In: Konrad Lappe, Irmgard Schaffrin, Evely Timmmermann; Prävention von Sexuellem Mißbrauch; mebes & noack; Auflage: 1, 1993

Eine der beiden Partnerinnen stellt eine Forderung. Beispielsweise fordert sie die andere auf, mit ihr Party zu machen, wegzugehen oder ihr etwas auszuleihen. Diese möchte nicht und lehnt die Forderung ab. Die Fordernde insistiert und versucht, verbal und körpersprachlich die Ablehnende dazu zu bringen, ihre Meinung oder Haltung zu ändern. Diese wiederum muss körpersprachlich und verbal dagegen halten und darf nicht nachgeben. Die „Angreiferin“ darf ihre Forderungen stellen und sich auch mit Mitteln der Erpressung oder Abwertung versuchen durchzusetzen.

Allerdings sollten Endlosschleifen von „Du musst das machen!“ und „Nein, ich will aber nicht!“, „Doch!“, „Nein!“ vermieden werden. Wiederholungen haben kein größere Überzeugungskraft.

Wenn eine Partnerin merkt, sie kann nicht mehr gegenhalten und ist kurz davor nachzugeben, darf sie das Geschehen beenden und weggehen. Formulierungen im Sinne von „Wir müssen das so stehenlassen“ oder „Ich möchte nicht mehr weiterreden“ gestalten ihren Abgang von der Bühne des Geschehens und helfen ihr, das Gesicht zu wahren.

Das Rollenspiel wird vor der gesamten Gruppe gespielt. Die anderen Kursteilnehmerinnen schauen zu und können so die Strategien wahrnehmen und benennen, die die „Angreiferin“ einsetzt und damit transparent machen. Ebenso sehen sie die Strategien der „Verteidigerin“. Insgesamt wird so ein breites Spektrum an Möglichkeiten und Strategien gezeigt.

Wahrnehmung der Strategie: Wie fühlt sich der Täter und wie kann ich diese Wissen einsetzen?

Da die Teilnehmerinnen auch die Rolle der Fordernden einnehmen, hat dies den Nebeneffekt, dass die Fordernde sich in die Rolle des „Angreifers“ hineindenken muss. Dadurch kann sie sich in Ansätzen wie ein Angreifer fühlen und dessen Gefühle der Überlegenheit selbst spüren und wahrnehmen.

In der Rolle des Angreifers kann sie nachempfinden, welche Strategien der Verteidigerin (bei ihr selbst als Angreiferin) funktionieren würden, welche den gewünschten Effekt der überzeugende Abgrenzung hätten und welche sie ungerührt lassen würden. Strategien, die sie in ihrer Rolle als Angreifer kalt lassen, machen in diesem Moment von der anderen Seite der Verteidigerin her gesehen als Verteidigungsstrategie keinen Sinn.

Das Ziel hierbei ist, dass die Teilnehmerinnen merken, dass es nicht ganz so einfach ist, jemanden, der von diesem Überlegenheitsgefühl oder dem Machtgefühl getragen wird, zu stoppen und „dem Angreifer“ etwas entgegenzusetzen.

Erfahrung aus der Praxis
Die Übung läuft sehr gut, wenn Frauen und Mädchen mit schauspielerischem Talent dabei sind. Dann ist es ein Selbstläufer und ich als Trainerin kann zuschauen und staunen, auf welche Ideen und Forderungen die Mädchen kommen.

Wenn die Teilnehmerinnen wenig eigene Ideen einbringen, gebe ich diese vor. Ich erkläre die Situation und die Rollen der Mädchen und die daraus resultierenden Forderungen im Rollenspiel.

Wenn die Gruppe klein ist, kann ich als Trainerin auch die Rolle der fordernden Person übernehmen. Dadurch kann ich gut steuern, welche Themen ich anspreche, und ich kann vor allem die Erzählungen der Teilnehmerinnen aufgreifen und in die Rollenspiele einfügen.

Dann spielt in dem Rollenspiel nur ein Mädchen mit und die anderen Mädchen beobachten. Sie müssen beurteilen, ob ich als fordernde Partnerin das Mädchen überreden könnte oder nicht. Das teilnehmende Mädchen bekommt damit ein gutes Feedback der anderen Mädchen zu Formulierung, Stimme und Körperhaltung. Die Anderen können oft sehr gut einschätzen, ob die Abgrenzung im Rollenspiel wirksam ist und ob sie der jeweiligen Person angemessen ist oder nicht.

Wenn ich als Trainerin die Themen für das Rollenspiel vorschlage, versuche ich, folgende Bereich abzudecken:

Bei Mädchen
- Teilnahme an Mobbing-Aktionen ablehnen.
- Teilnahme an gefährlichen Aktionen ablehnen.
- Misstrauisch sein im Umgang mit Erwachsenen, Bekannten und Unbekannten.

Beispiele mit Gleichaltrigen
- „Kann ich die Hausaufgaben bei dir abschreiben. Ich hatte keine Zeit.“ „Lass mich doch abschreiben, sonst schreibt die Lehrerin an meine Eltern.“„Sei doch nicht so gemein.“
- „Komm wir gehen zu Kaiser und klauen.“ „Die haben keine Kameras. Wir werden sicher nicht erwischt.“ „Sei kein Feigling.“
- „Komm, wir kaufen Zigaretten.“ „Marco kommt auch mit, den magst du doch.“ „Feigling!“
- „Komm, wir zünden den Mülleimer an.“ „Hier sieht uns keiner:“
- „Komm, wir nehmen Seldas Turnbeutel. Die mag doch niemand leiden.“
- „Komm, wir schreiben einen Liebesbrief an den Luca und schreiben Maxis Namen drunter.“
- „Wir ziehen Nagehans Kopftuch herunter. Das kann sie nicht leiden.“

Beispiele zum Kontakt mit Erwachsenen

- In der Schlange im Supermarkt: „Lass mich bitte vorbei, ich habe nur so wenig zu bezahlen, das geht ganz schnell."
- Erwachsener im Auto: „Kannst du mir den Weg in die Bismarckstraße sagen? Ich habe ein sehr schlechtes Orientierungsvermögen." „Steig schnell ein und zeig mir den Weg, ich fahre dich auch den gleichen Weg zurück!"
- „Ich sammle für den Tierschutzverein. Sie bekommen hier eine Zeitung von uns." „Haben Sie kein Herz für Tiere? Uns reicht auch ein Euro."

Beispiele für Mädchen und junge Frauen

Misstrauen und vorsichtiges Benehmen in sich anbahnenden Beziehungen oder zu Ex-Beziehungen:

- Exfreund lädt Mädchen zum Eisessen ein.
- Freund lädt Mädchen zum Übernachten ein, da seine Eltern übers Wochenende weggefahren sind.
- Zwei Mädchen lernen zwei Jungs auf einer Party kennen. Sie übernachten in der Wohnung von Freunden, die nicht zuhause sind. Die beiden Jungs behaupten, sie hätten keinen Schlafplatz und kommen mit den Mädchen mit, und wollen in die Wohnung mit hineingehen.
- Internetbekanntschaft besucht Mädchen, wohnt weit entfernt, darf mit Einwilligung der Eltern in ihrer Wohnung übernachten. Junge entspricht nicht den Erwartungen des Mädchens, ist einfach nicht so nett. Er will aber in ihrem Zimmer bei ihr übernachten.
- Zwei Jungen bieten Mädchen an, sie nach der Disco nach Hause zu fahren.
- Freund bemängelt Kleidung der Freundin, da diese zu sexy sei.

Bei Frauen

- Abgrenzung gegen und Offenlegung von Erpressungsversuche(n), auch bei emotionalen Erpressungsversuchen.
- Eigene Position oder eine andere Meinung gegenüber Freundinnen und Freunden vertreten.
- Anforderungen, die aus Hierarchien herrühren, offenlegen und ablehnen.

Beispiel aus dem privaten Bereich

- „Liebling, ich hab morgen einen wichtigen Termin und mein Hemd ist nicht bügelfrei. Kannst du mir das Hemd bügeln."
- „Liebling, mir reicht es morgen Abend nicht bis 19 Uhr, ich muss noch etwas fertig machen. Verschiebe doch dein Treffen mit Kathrin. Du siehst sie doch sowieso jeden Tag."

Zusätzlich bei Frauen mit Behinderungen
Abgrenzung gegenüber pflegenden Personen oder betreuenden Personen, denen gegenüber die Frau sich in einer abhängigen Position befindet.

- „Stell dich bitte nicht so an, das kann doch gar nicht wehtun!“ oder „Das kannst du auf keinen Fall spüren.“
- „Mir macht das nichts aus, dass du nicht laufen kannst und im Rollstuhl bist. Andere Männer hätten da was dagegen, aber ich bin da ganz offen.“

In eigener Sache: Bevor Sie als Leserin oder Leser jetzt schockiert sind und die Beispiele erschreckend finden – tun Sie das bitte nicht. So oder so ähnlich habe ich die Beispiele von Teilnehmerinnen gehört. Wichtig dabei ist, dass in der Übung die zugrundeliegenden Mechanismen oder Dominanzstrukturen erkannt werden. Sie haben die Funktion, das Abwehrverhalten zu verhindern oder zu schwächen. Sie sollen erreichen, dass sich die Frau oder das Mädchen nicht mehr zur Wehr setzt.

Wenn die Mechanismen erkannt werden, dann kann die Frau oder das Mädchen ihnen begegnen. Und als Regel gilt: Auch Nettigkeit ist nicht immer nett, sondern kann ebenso gut eine Täterstrategie sein, die das Misstrauen des Opfers zerstreuen soll.

Mit diesen Strategien können unterschiedliche Situation gelöst werden, auch Situationen in denen eben Nein zu sagen noch schwerer ist.

3.6.8 Nein sagen – löst nicht jedes Problem

Das Thema Abgrenzung und Nein sagen zieht sich durch die gesamte Selbstbehauptung. Ich möchte hier noch aus einem anderen Blickwinkel darauf Bezug nehmen.

Es gibt Faktoren, die eine klare Abgrenzung erschweren. Dies sind teilweise persönliche Dispositionen aber auch strukturelle Gegebenheiten und Abhängigkeiten. Wenn beispielsweise Mädchen sehr angepasst erzogen werden oder Frauen sehr an der Zustimmung der Anderen interessiert sind, fällt Ihnen die Abgrenzung schwerer. Dies gilt auch, wenn beispielsweise Mädchen oder Frauen mit körperlichen Einschränkungen aufgrund ihrer Pflegebedürftigkeit auf ein gutes Einvernehmen mit den Pflegenden angewiesen sind.

In diesem Zusammenhang ist wichtig, dass gesehen werden kann, wie dieser Zwiespalt gelöst wird. Wie kann die Einzelne damit umgehen und wie zeigt sich ihre Abgrenzung. Es ist auch gut, dies zu thematisieren und für sich selber klar zu benennen: „Ich gebe jetzt nach, aber aus diesem oder jenem

Grund.“ Dann bleibt die Person handelnd und es ist ihre Entscheidung. Auch die Teilnehmerin weiß im Anschluss, wo ihre Schwachpunkte sind und wo sie achtsam sein muss.

Diskussion Selbstbehauptung im Nein sagen
Ich möchte im Folgenden versuchen, diesen Komplex zu strukturieren und die Mechanismen dahinter aufzuzeigen.

In einem Kursverlauf sollte diese Diskussion stattfinden:
Warum fällt es Mädchen und Frauen mit und ohne Behinderungen besonders schwer, deutlich Nein zu sagen und sich klar abzugrenzen?
Die Befürchtungen, die geäußert werden, sind häufig Liebesentzug bzw. Entzug der Wertschätzung und der Akzeptanz.

Die Struktur, dass dieses Bedürfnis überhand nimmt, kann mich angreifbar machen und mich an einer klaren Abgrenzung hindern. Ohne Gegenleistung erhalte ich Anerkennung von Personen, die mich mögen, nicht aber von Menschen, die ich nicht gut kenne. Diese verlangen eine Gegenleistung, und das kann gefährlich werden.

Und nun sind wir wieder beim Nein:
Regel: Wie entschieden mein Nein sein muss, hängt davon ab, wie gefährlich ich die Situation einschätze.

Folgende Möglichkeiten bestehen:

1. Option: Hartes Nein (eindeutig, transparent),
Ich bleibe bei meiner Ablehnung. Gegebenenfalls kann ich mir Hilfe dazu holen.
Ich sehe jedoch, dass es Situationen geben kann, in denen ich mit einem harten Nein nicht weiterkomme. In diesem Fall schlage ich einen Kompromiss oder eher ein modifiziertes Nein vor.

2. Option: Modifiziertes Nein („das Maximum rausholen“ – Aushandeln)
Ein hartes Nein ist nicht durchsetzbar, daher bedenke ich andere Optionen.

2.1 Zeit gewinnen: „Das kann ich noch nicht sagen. Ich muss kurz nachdenken“ oder „Ich muss mich mit meiner Freundin besprechen“.
Nach einer Denkpause bin ich mir vielleicht sicherer und kann mich dann durchsetzen.

2.2 Bedingtes Ja, (das sogenannte Ja aber)
„Ja, aber ...“oder „Ja, wenn ...“

Das heißt nicht wirklich „Ja", sondern das Nein wird durch die Bedingungen abgesichert, die Sicherheit garantieren:

- „Ich nehme die Einladung, dass du mich nach Hause bringst nur an, wenn du zuverlässig nichts trinkst."
- „Ich treffe dich nur, wenn meine Freundin auch dabei sein wird."
- „Ich kann nur mitkommen, wenn ihr denselben Bus nach Hause nehmt wie ich und ich nicht allein im Bus fahren muss."
- „Wenn ich dich nur zuhause treffen kann, komme ich nicht mit."
- „Wenn ich das einzige Mädchen bin, darf ich nicht kommen."

Wenn die Bedingungen nicht eingehalten werden, gilt doch das kompromisslose Nein. Dabei ist es wichtig, die Fakten zu beachten und nicht das Wunschdenken oder die Versprechungen der anderen Person. Also tatsächlich nur einsteigen, wenn Fahrer nachweislich nichts getrunken haben oder nur mit den zwei Jungs mitgehen, wenn die beiden Freundinnen wirklich mitkommen und gemeinsam wieder gehen.

3. Ja sagen, aber nicht einhalten (Lügen, andere Vermeidungsstrategien)
In Notsituationen darf auch gelogen werden, wenn diejenige dadurch sicher aus einer Situation herauskommen kann. Sich an alle Abmachungen oder Versprechungen zu halten, ist zwar richtig, aber nicht immer notwendig und manchmal sogar gefährlich. Die Regel ist hier: „Ich darf meine Meinung immer ändern!" und „Ich darf in problematischen Situationen taktisch lügen!".

Man muss sich dafür vor Augen führen, dass ein Täter diese Drucksituation, in der das Opfer sich befindet, absichtlich herstellt – eben um zu verhindern, dass sich das Mädchen oder die Frau daraus befreit.

An diesen beiden Beispielen wird die besonders deutlich:

- Zwei Mädchen lernen zwei Jungs auf einer Party kennen. Sie übernachten in der Wohnung von Freunden, die nicht zuhause sind. Die beiden Jungs behaupten, sie hätten keinen Schlafplatz und kommen mit den Mädchen mit, und wollen in die Wohnung mit hineingehen um dort zu übernachten.
- Internetbekanntschaft besucht Mädchen, wohnt weit entfernt, darf mit Einwilligung der Eltern in ihrer Wohnung übernachten. Der Junge ist anders als erwartet, eher nachlässig und nicht so nett. Er will aber in ihrem Zimmer bei ihr übernachten.

Der Druck wird hier dadurch aufgebaut, dass die Jungs in beiden Fällen keinen Schlafplatz haben. Und in beiden Fällen fühlen sich die Mädchen durch die vorher gemachten Zusagen „Ja natürlich, du kannst bei mir / ihr könnt bei uns übernachten" gebunden.
Aber die Situationen haben sich verändert: Die Jungs, die übernachten wollten, zeigten sich viel fordernder als am Anfang und die Internetbekanntschaft

war einfach nicht so nett und zugänglich wie gedacht. Und spätestens jetzt können die Mädchen zurücktreten und sagen: „Ich habe meine Meinung geändert. Es geht jetzt doch nicht."

Frauen und Mädchen können sich dieses Recht zugestehen, und dies fällt ihnen leichter, wenn sie die Absicht hinter diesen Situationen wahrnehmen und erkennen können.

3.7 Eskalation und Deeskalation

3.7.1 Vorgehensweisen in der Selbstbehauptung

Im Umgang mit grenzüberschreitendem Verhalten kann ich prinzipiell zwei Vorgehensweisen unterscheiden: die eskalative Vorgehensweise, auch mit Konfrontation bezeichnet, und die deeskalative Vorgehensweise. In Ersterer heize ich den Konflikt an, lasse die Situation explodieren oder versuche, den Konflikt durch sehr dominantes Auftreten zu beenden. Bei Letzterer versuche ich, die Situation zu beruhigen und sie durch faires und partnerschaftliches Verhalten zu bereinigen und zu entschärfen.

Zu beiden Verhaltensweisen gehören bestimmte Strategien, die ich mir bewusst machen sollte, um sie dann gezielt und in meinem Sinne zielführend einsetzen zu können. Sie mir bewusst zu machen ist sehr wichtig, da ich nur so ihre Wirkung einschätzen kann. Beispielsweise ist die Wirkung eskalativer Strategien absolut berechenbar. Das Gegenüber wird in seiner Aggression definitiv angestachelt, auf keinen Fall aber beruhigt.

Diese Strategien beziehen sich auf Gefährdungssituationen und eigene Verhaltensweisen[44].

---

44 Folgende weiterführende Literatur dazu kann ich empfehlen: Hans-Peter Nolting, Lernfall Aggression, 2007 und Stefan Werner, Konfrontative Gewaltprävention: Pädagogische Formen der Gewaltbehandlung, 2014

Strategien und Vorgehensweisen in der Eskalation[45]
Bei diesem Vorgehen wird der Konflikt verstärkt und die Situation kann außer Kontrolle geraten. Dabei kann ich unter Umständen gefährdet sein.

Beim eskalativen Vorgehen kann ich laut und sehr bestimmt werden. Ich kann Befehle erteilen oder Forderungen stellen: „Hau jetzt endlich ab!“ „Hör auf!“. Die Lautstärke kann erhöht, Beleidigungen können eingesetzt, das Gegenüber kann lächerlich gemacht oder auch hart unterbrochen werden. Die Mimik kann ausdrucksvoll sein und meine Worte unterstreichen. Ich kann wütend, böse oder grimmig aussehen. Ich kann meine Hände einsetzen und diese drohend erheben. Ich kann mein Gegenüber berühren oder den Abstand verringern. Wenn ich beispielsweise den Abstand zu meinem Gegenüber verringere, bringe ich ihn um seinen Sicherheitsabstand und überschreite seine Grenze. Damit setze ich ihn massiv unter Druck.

Strategien und Vorgehensweisen in der Deeskalation
In der Deeskalation nehme ich vergleichsweise mehr wahr, wie es meinem Gegenüber geht. Ich versuche von meiner Seite aus klare und eindeutige Botschaften zu vermitteln. Auf der sprachlichen Ebene wähle ich einen neutralen Ton. Die Stimme sollte ruhig und gleichmäßig sein. Ich bin klar und deutlich, aber nicht laut. Ich formuliere Wünsche, keine Befehle, aber ich vermeide eine Kommunikationsebene, indem ich nicht diskutiere und nicht auf die Anforderungen des Gegenübers eingehe. Ich wiederhole meine Wünsche, aber ich formuliere nicht ständig neue Begründungen. Ich bleibe bei meiner An- und Aussage. Ich versuche, symmetrisch zu verhandeln. Ich nehme die Gefühle meines Gegenübers wahr und kann sie auch anerkennen, aber ich bleibe trotzdem beim meinem Wunsch und meiner Ansage.

Das Gesicht ist ruhig und neutral, die Gestik ist minimal. Die Hände bleiben ruhig und eher auf Höhe der Körpermitte. Es gibt keine Berührungen und ich halte Abstand. Der Fluchtweg für den anderen bleibt frei, damit er oder sie sich entfernen kann. Ich stehe nicht zwischen der Tür und meinem Gegenüber.

Variante: Höflichkeit einfordern
Wenn ich mit unhöflichem, grenzüberschreitendem oder abwertendem Verhalten konfrontiert bin, kann ich vor diesem Hintergrund bestimmt und deeskalativ ein anderes Verhalten einfordern. „Ich will nicht, dass du so mit mir redest.“, „Ich will in Ruhe und ohne Geschrei darüber reden!“, „Ich möchte, dass du höflich mit mir umgehst!“.

---

[45] Die folgende Auflistung der Vorgehensweisen geht auf das Manuskript von Andrea Durner zurück: Deeskalationstraining – Konfrontationstraining. Stuttgart Fassung 2015.

Wieder mal: Die Frage der Feigheit
Ich sollte mir bei einem deeskalativen Vorgehen Folgendes klarmachen: Wenn ich mich dafür entscheide, treffe ich diese Entscheidung, weil ich mit dem Konflikt auf diese Weise am besten umgehen kann. In manchen Kreisen wird solch ein Vorgehen als Feigheit diskriminiert werden. Diese Sichtweise ist problematisch.

Wenn ich sie mir zu eigen machen, kann sie meinen Entscheidungsspielraum einengen, denn sie schließt alle Strategien, die als feige bewertet werden, aus. Strategien können jedoch ebenso unter einem anderen Blickwinkel betrachtet und bewertet werden. Jede Strategie, die mich sicher aus einer Gefahrensituation herauskommen lässt – ohne den Anderen dabei zu verletzen – ist erfolgreich, sinnvoll und effektiv. Eine Strategie sollte daher eher unter dem Aspekt der Effektivität bewertet werden. Strategien wie Deeskalation oder auch Flucht sind sehr effektiv, wenn es darum geht, weitgehend unbeschadet aus Konflikten und gefährlichen Situationen zu entkommen.

3.7.2 Demonstration zu Eskalation und Deeskalation

Die Strategien lassen sich wiederum am besten mit einer Demonstration vermitteln. Im Idealfall können die Trainerin und eine Co-Trainerin oder die Trainerin und eine Teilnehmerin, die sich freiwillig dazu bereit erklärt, die Strategien vorführen.

Folgender Konflikt liegt zugrunde: Die Teilnehmerin spielt eine Frau, die Trainerin ihre Bekannte. Die Teilnehmerin ist leicht ungehalten, weil ihre Bekannte ihrer Ansicht nach schlecht über sie geredet hat.

1. Runde: Die Trainerin zeigt das **eskalative Vorgehen**: Sie streitet alles ab, schimpft, dass die andere Lügen Gehör schenken würde, beleidigt sie, kommt ihr zu nahe, gestikuliert wütend mit den Händen und dringt zusätzlich mit drohendem Zeigefinger in ihren Raum ein und wird immer lauter.

Dann unterbricht die Trainerin. Die Teilnehmerinnen teilen ihre Beobachtungen mit. Die Trainerin ordnet sie ein und verweist auf die Konsequenzen: Die Frau reagiert auf diese eskalative Ansprache eher noch ungehaltener, so kann es zu keiner Einigung kommen.

2. Runde: Die Trainerin zeigt das **deeskalative Vorgehen**: Sie hört das Anliegen der Bekannten, erkennt die Gefühle an: „Ich verstehe, dass es dir so geht!" Sie hat die Hände offen und hält sie in Bauchhöhe. Sie hält Abstand. Sie gibt vielleicht zu, dass sie sich missverständlich ausgedrückt haben könnte.

Beispiel: Die Bekannte kommt und streitet los: „Du hast mir doch versprochen, das zu tun und jetzt ist alles zu spät." Die Trainerin: „Lass uns darüber reden. Moment, ich brauche ein bisschen mehr Abstand. So können wir. Um was geht es dir?" Die Hände sind vor dem Körper, der Handrücken zeigt nach oben. Die Bekannte ist weiter sehr aufgebracht. Die Trainerin hört zu und unterbricht erst einmal nicht. Dann sagt die Trainerin: „Ich kann verstehen, dass du dich ärgerst. Ich vermute, da gab es ein Missverständnis!" Die Bekannte ist weiter sehr aufgebracht. Trainerin hört noch einmal zu, dann sagt sie: „Wie können wir uns einigen?", „Hast du einen Vorschlag?".

Die Trainerin beendet die Demonstration. Wieder werden die Beobachtungen gesammelt. Das Ziel ist, zu einem Verständnis zu kommen und die Kommunikation wieder zu ermöglichen.

Der Ausstieg ist immer möglich. Wenn klar wird, dass deeskalatives Vorgehen in diesem Fall nichts bringt, kann diejenige immer die Situation verlassen. Der „Notausstieg" ist immer möglich, die Bühne der Auseinandersetzung kann verlassen werden.

Diskussion
Die einzelnen Elemente der Vorgehensweisen können zusammengetragen und in der Sprache der jeweiligen Teilnehmerinnen beschrieben werden. Die unten folgende Auflistung fasst noch einmal zusammen.
In der Diskussion kann auf die Frage der Bewertung der deeskalativen Vorgehensweise eingegangen werden. Wie oben beschrieben kann Feigheit ein Thema sein und daher angesprochen werden. Die Teilnehmerinnen können die Diskussion nutzen, um ihre Bedenken und Vorbehalte zu äußern.

Strategien, um Streit anzuheizen – ESKALATION
- **Atmung**: schnelles Atmen
- **Gesicht – Mimik:** böse Blicke, Gesicht verzerrt, Augenbrauen zusammengezogen oder hochgezogen, Auslachen, Blicke aus dem Augenwinkel, die fixieren, Blicke, die am Körper des Gegenübers hoch und hinunter gehen – „taxieren"
- **Stimme und verbale Äußerungen:** laute Stimme, nicht hören, nur selber reden, andere nicht wahrnehmen, Beleidigungen oder Drohungen
- **Hände und Gestik:** Hände gestikulieren schnell, sind angespannt
- **Abstand und Fluchtweg:** zu nahe kommen mit Körperkontakt oder mit Händen. Anrempeln möglich, in die Ecke drängen, kein Fluchtweg möglich

Strategien, um Streit zu beruhigen – DEESKALATION
- **Atmung:** ruhigere, langsame Atmung
- **Gesicht – Mimik:** wenig Mimik, Gesicht ruhig, nicht verzerrt, Augenbrauen unten, kein Auslachen

- **Stimme und verbale Äußerungen:** ruhige Stimme, keine Beleidigungen, keine Beschimpfungen, keine Drohungen, beim eigenen Thema bleiben oder immer wieder das Gleiche sagen, Verständnis mit Worten signalisieren, Gefühle der anderen ernstnehmen
- **Hände und Gestik:** Hände bei sich behalten, ruhige Bewegungen
- **Abstand und Fluchtweg:** kein Fuchteln, kein Anrempeln, kein Körperkontakt, keine Berührungen
- **Sicherheitsabstand** aufrecht halten, nicht zu nahe kommen, keine Annäherung, nicht bedrängen, Fluchtweg offen lassen, gehen lassen

3.7.3 Übungen zu Eskalation und Deeskalation

Die folgende Übung dient als Einstieg.

■ Übung „Quatsch mich nicht voll"[46]
Die Übung wird zu zweit durchgeführt. Eine der beiden hat die Aufgabe zu reden. Egal über was, sie überrollt ihr Gegenüber mit einem Redeschwall. Sie „textet sie zu." Die andere möchte sie zum Schweigen bringen oder zumindest unterbrechen und sich Gehör verschaffen. Dabei setzt sie die unterschiedlichen Strategien aus der Eskalation und der Deeskalation ein. Beide beobachten dabei, welche Strategie sich wie auswirkt. Diejenige, die die andere unterbrechen möchte, kann auf sie zugehen, sie anschreien oder berühren. Diejenige mit dem Redeschwall darf frei reagieren.

Beispiele:

- Schrei Rauslassen: „Halt endlich den Mund!"
- An sich abprallen lassen, schweigen
- Taktile Reize (anfassen): „Beruhige dich!", „Ich halte dir gleich den Mund zu!"
- Weggehen, sich entziehen: „Ich habe keine Lust mehr." „Das tue ich mir nicht an."

Danach wird gewechselt.

---

[46] Die Grundlage für diese Übung und der Name gehen auf U. Reichmann zurück. Er hat sie in der Übung „Quatsch mich nicht voll" bzw. in der Übung „Lass mich in Ruhe" beschrieben. Reichmann, Udo, Sportiv Thema: Selbstbehauptung und Selbstverteidigung. Ernst Klett Schulbuchverlag; Leipzig, 1996, S. 32. Ich beschreibe die Variante, die ich daraus entwickelt habe.

Rollenspiel: Auseinandersetzung führen

1. Variante: Durchführung als Übung
Die Übung wird zu zweit durchgeführt. Die Zweiergruppen bekommen entweder die gleiche oder unterschiedliche Situationsbeschreibungen. Diese können sie dann in folgenden Variationen diskutieren bzw. durchspielen:

1. Variante: Beide reagieren konfrontativ/eskalativ.
2. Variante: Beide reagieren deeskalativ.
3. Variante: Eine reagiert konfrontativ, die anderen deeskalativ. Dann wird gewechselt.

Beispiel für die Durchführung: Eine reagiert konfrontativ, die anderen deeskalativ.

Wieder muss darauf hingewiesen werden, dass es nicht notwendig ist, die Situation auszuhalten, sondern dass sie beendet werden kann und darf. Die Frau oder das Mädchen kann immer gehen.

2. Variante: Durchführung als Rollenspiel
In diesem Rollenspiel spielen nur die Teilnehmerinnen ähnlich wie in der Übung vorher ihre Interaktion durch. Sie kann ausführlicher gespielt werden und ausgefeilter sein. In der anschließenden Diskussion können die Vorgehensweisen fokussiert werden. Hier kann auch die Position der eskalierenden Partnerin betrachtet werden. Im Vergleich zur deeskalierenden Teilnehmerin kann sie verstärkt ihren negativen Gefühlen Raum geben, muss sich weniger beherrschen und kann insgesamt destruktiver agieren. Hier stellt sich die Frage, wer die konstruktive Arbeit leistet und wie sich dies wiederum zur Diskreditierung als Feigheit verhält.

Wichtig: Ein Ziel wäre auch zu sehen, dass destruktives Verhalten in der Regel einfacher ist als das Verhalten, das zu einer konstruktiven Konfliktlösung führt.

3. Variante: Differenziertes Rollenspiel mit weiteren Strategien
Hier kann die Dynamik einer Gruppe eingeführt werden. Beispielsweise sind zwei Mädchen diejenigen, die aggressiv vorgehen, weil sie angeblich unverschämt angeschaut wurden. Zwei andere Mädchen, die dessen beschuldigt werden, reagieren deeskalativ. Da sie zu zweit agieren, müssen sie ihr Verhalten aufeinander abstimmen, um sich nicht auseinanderbringen zu lassen. Hier kann die Option, wegzugehen und die Konfliktsituation zu verlassen, zusätzlich durchgespielt werden. Da mehrere Teilnehmerinnen beteiligt sind, kann ausprobiert werden, wie der Fluchtweg offengehalten

werden kann bzw. wie sich die beiden angegriffenen Mädchen sicher aus dem Konflikt herausbegeben können.

Beispiel für Konfliktsituation: Zwei Mädchen sind in einem Einkaufszentrum unterwegs, sie reden und lachen miteinander. Zwei oder drei Mädchen nähern sich und beschimpfen sie. Sie unterstellen ihnen, sie hätten über sie gelacht.

Mögliche weitere Strategien: Deeskalieren, aber auch: Laut werden, andere Personen ansprechen, Hilfe holen.

3.7.4 Vorschläge für Konfliktsituationen

Vorschläge für Konflikte (eher passend bei Jugendlichen)

- Mädchen hat aus Versehen ein anderes Mädchen angerempelt, diese reagiert aufbrausend, Rempeln war aber ein Versehen.
- Mädchen hat aus Versehen anderes Mädchen angerempelt und deren Handy ist zu Boden gefallen, ist aber unbeschädigt, Mädchen reagiert sehr impulsiv.
- Mädchen beschimpft anderes Mädchen, diese hätte sie unverschämt angeschaut.

Verteidigung gegen falsche Beschuldigungen von Bekannten

- Beschuldigung, Freundin hätte ihr den Freund ausgespannt.
- Beschuldigung, Mädchen hätte eine Beziehung zu ihrem Freund.
- Mädchen hätte über sie gelästert, hätte gesagt, sie wäre eine Schlampe.

Druck über Versprechungen

- Freund behauptet, Mädchen hätte versprochen, dass er bei ihr übernachten könne.
- Freund behauptet, Mädchen hätte versprochen, ihm 20 € auszuleihen.

Anmache durch Fremde

- Anmache an der Bushaltestelle beim Warten auf den Bus, Fremder will sich unterhalten.
- Anmache im Sitzen in der Straßenbahn, Sitznachbar will sich unterhalten und über andere schimpfen (über z. B. Jugendliche).

Konflikte mit bekannten oder verwandten Personen

- MitbewohnerIn / PartnerIn schimpft: „Kannst du nichts anderes kochen, von Knoblauch wird mir schlecht.“ „Das kannst du auch freundlich sagen. Ich will nicht, dass du so mit mir redest.“
- PartnerIn schimpft über die Unordnung im Haus. „Du kannst das anders sagen.“ „Dies ist mein Haus. Ich bin da anderer Ansicht.“
- PartnerIn / Ex-PartnerIn beschwert sich in abwertender Form, wie das Kind erzogen wird. „Dein Kind ist schlecht erzogen. Du musst strenger sein.“ „Das entscheide ich, wie ich mein Kind erziehe.“

4. Der Angriff gegen meine Seele

4.1 Beleidigungen und Abwertungen

Die Selbstbehauptung soll und will auch für Angriffe, die nicht physisch stattfinden, Reaktionsweisen anbieten. Beleidigungen und Abwertungen sind Angriffe, die Menschen sehr stark verletzen können und die zudem eine langandauernde zerstörerische Wirkung entfalten können.

Diese Verletzungen sind im Gegensatz zu den Schäden, die durch physische Gewalt verursacht werden, nicht unbedingt sichtbar. Landläufig wird das mit der Formulierung „Das tut mir in der Seele weh!“ oder „Das trifft mich bis ins Herz!“ zum Ausdruck gebracht.

Formulierungen wie diese sind bei der Diskussion vor allem mit jüngeren Mädchen hilfreich, da solche Kränkungen sehr schmerzhaft sind und es daher notwendig ist, auch dafür eine Strategie zu üben und einzusetzen. Manchmal wird immer noch erwartet, dass Mädchen Beleidigungen einfach ignorieren.

Um Beleidigungen wirksam begegnen zu können und eine Gegenstrategie zu entwickeln, ist es sinnvoll, sich zunächst die Wirkungsweise einer Beleidigung oder Abwertung anzuschauen.

4.1.1 Wie und wann beleidigt eine Aussage?

Es ist schwierig zu erklären, warum eine Beleidigung so eine zerstörerische Wirkung haben kann. Man bewegt sich dabei gern in tautologischen Kreisen: Eine Abwertung verletzt mich, weil sie mich kränkt. Erschwerend kommt hinzu, dass Menschen auch darin verschieden sind. Während die eine Aussage eine Person kränkt, kann sie an einer anderen abprallen.

Allgemein kann gesagt werden: Eine Beleidigung trifft mich im Kern meiner Persönlichkeit und meines Selbstrespekts, in meiner Selbstachtung. Und Kränkungen haben viel mit Scham zu tun. Ich schäme mich, dass mir so etwas angetan wird.

Wie sehr mich eine Beleidigung verletzen kann, hängt von mehreren Faktoren ab:

- Wie ist mein Verhältnis zu der oder dem Beleidigenden (hierarchisch, distanziert, emotional eng)?
- Welche Bedeutung hat der oder die Betreffende für mich oder welche Bedeutung gebe ich ihm oder ihr?
- Welche Ressourcen stehen mir zur Verfügung und wer kann mir helfen?

Gebe ich der beleidigenden Person großes Gewicht oder ist mein Selbstbewusstsein derzeit geschwächt, bin ich verletzlich. Folgende Verhaltensweisen können dann auftreten: Die Beleidigung kann nicht vergessen werden. Die Gedanken bleiben daran hängen und kreisen um mögliche Erwiderungen, die einem natürlich in der Situation überhaupt nicht einfallen wollten. Das Selbstwertgefühl wird geschwächt. Wenn keine Reaktion möglich war, bleibt ein Gefühl der Ohnmacht, das sich auch auf auf andere Bereiche ausdehnen kann und zu dem Gefühl „Ich kann mich sowieso nicht wehren“ beiträgt. [47]

Meine eigenen Beobachtungen bestätigen dies: Ein Mädchen, das von seinen jugendlichen Nachbarn „Affenkopf“ genannt wurde, hatte Situation und Beleidigung noch Jahre später exakt im Kopf. Eine junge Frau mit sprachlicher Entwicklungsverzögerung, die in der Bücherei von zwei Jugendlichen nachgeäfft wurde, erzählte noch Jahre später, sichtlich betroffen, von diesem Vorfall.

Nach meiner Erfahrungen beziehen sich Beleidigungen gerne auf sichtbare Defizite der Mädchen oder Frauen. Leider sind das auch oft die wunden Punkte einer Person.

Die Kränkung und Verletzung auf Seiten des Opfers bedingt die Motivation und den Gewinn des Beleidigenden, des Täters. Er fühlt, dass er Macht hat. Er bestimmt und dominiert die Situation. Er wertet sich auf Kosten der anderen auf. Darüber hinaus muss auf die Täterseite und seine Position nicht weiter eingegangen werden. Sie ist nur insoweit wichtig, als sie bei der Auswahl der Gegenstrategien mitbedacht werden muss.

---

[47] Siehe auch Bärbel Wardetzki, Ohrfeige für die Seele: Wie wir mit Kränkung besser umgehen können.

Wenn ich die beleidigende Person allerdings geringschätze, keine Beziehung zu ihr habe oder zu dem Zeitpunkt über ein stabiles Selbstbewusstsein verfüge, treffen mich Beleidigungen kaum. Ich kann ihnen weniger Beachtung schenken und sie leichter ablegen.

Die Kunst in der Selbstverteidigung besteht darin, die emotional belastende Beleidigung, die mich eigentlich treffen könnte, so anzugehen, als ob sie dies nicht wäre und mich daher nicht treffen kann. Die Kunst ist, sie so von sich zu weisen und folglich selbst zu entscheiden, ob ich mich kränken lasse oder nicht.

4.1.2 Was setze ich gegen eine Beleidigung?

Meine Vorgehensweise soll verhindern, dass Beleidigungen solch eine zerstörerische Wirkung zeigen können. Ich versuche, es zu meiner Entscheidung zu machen, ob ich eine Beleidigung zulasse, ob ich sie sozusagen annehme oder ob ich sie abwehre bzw. dies zumindest versuche.

Folgende Punkte sind hierbei wichtig:

1. Ich definiere meinen Erfolg selbst![48]
Wenn ich mich gegen eine Grenzüberschreitung oder eine Belästigung zur Wehr setze, dann kann ich nicht darauf warten, dass der Betreffende seine Schuld einsieht, sondern ich kann davon ausgehen, dass er dies eben nicht tut und bemüht ist, sein Gesicht zu wahren.

Daher kann ich meine Selbstbestätigung und mein Selbstbewusstsein nicht davon abhängig machen, sondern muss sie mir selbst geben. Ich muss mich selbst dafür loben, dass ich mich gewehrt habe und die Belästigung nicht hingenommen habe. Ich muss dies als Erfolg definieren und mich dafür gut und bestätigt fühlen.
Wenn ich also auf eine Beleidigung mit „Lass mich einfach in Ruhe!" reagiert habe, darf ich mich dafür loben. Ich habe reagiert und die Beleidigung nicht ignoriert.

2. Zurückweisen / Umgang mit Beleidigungen und Beschimpfungen
Für den Umgang mit Beleidigungen, schlage ich dieses Vorgehen bzw. diese Regeln vor: Beleidigungen werden mit einem abgrenzenden Kommentar zurückgegeben. Auf „Du Arsch!" oder „Du kannst ja nicht mal richtig reden!" folgt „Lass mich einfach in Ruhe!" oder „Das interessiert mich gerade nicht!".

---

[48] Sunny Graff, Mit mir nicht: Selbstbehauptung und Selbstverteidigung im Alltag. Berlin; Orlanda 1995, S. 107ff.

Merksatz: Beleidigungen werden nicht diskutiert.

Auf „Du bist ja zu doof dazu!“ folgt nicht „Finde ich aber nicht“ sondern „Geht dich nichts an“. Auf die beleidigende Bemerkung „Du kannst das nicht, weil du zu blöd bist!“ wird nicht geantwortet „Doch, und ich werde es dir beweisen!“ sondern: „Lass mich einfach in Ruhe!“. Gegenargumente machen keinen Sinn, sie geben dem Anderen nur die Chance, die Beleidigungen zu wiederholen oder sogar zu verstärken.

Die Beleidigung stellt eine Konstruktion dar, eine Ansicht, mit der mich der Täter abwertet, und darüber diskutiere ich nicht, ich lehne sie komplett ab.

Auch müssen Beleidigungen nicht oder nicht lange ertragen werden. Wenn die betreffende Person nicht aufhören will, muss und darf man selbst den Endpunkt setzen: „Darüber will ich nicht mehr reden“, „Das diskutiere ich nicht!“ oder „Darüber diskutiere ich nicht mehr weiter!“. Wie im vorigen Kapitel zum Thema Körpersprache kann ich einen Endpunkt setzen und weggehen.

Die eigene abgrenzende Reaktion ist wichtig, da mit ihr der Beleidigung, dem Übergriff eine aktive Abwehr entgegengesetzt wird. Ich lasse es nicht mit mir geschehen, sondern ich wehre mich. Damit trete ich aus der Opferrolle heraus. Wenn ich eine Beleidigung ignoriere, bleibe ich in dieser passiven Rolle. Und das ist der Nachteil an der Strategie des Ignorierens.

3. Innerer Umgang bei Beleidigungen

Es kann förderlich sein, sich die Dynamik dieses Vorganges klarzumachen. Die Beleidigung ist eine bewusste Vorstellung des Angreifers. Er sagt: „Du bist zu blöd dafür!“ Die Beleidigung konstruiert ein Bild. Die ge- und betroffene Person kann dies ernstnehmen und sich darüber Gedanken machen – oder auch nicht. Denn letztendlich ist sie nicht diese Person. Der Beleidigende möchte sie gerne dazu machen.

Anders gesagt bedeutet die Dynamik der Beleidigung, dass eine Wertung übergestülpt wird, die in sich aber ein Konstrukt ist und nicht der Realität entspricht. Die negative Wertung ist das Problem, weil sie der verletzende Faktor ist, aber sie ist eben nur ein Konstrukt. Und das weise ich zurück.

Es ist hilfreich, eine eigene, positive Vorstellung dagegen zu setzen. Ich sage mir (vielleicht in etwas anderer Formulierung): „Ich bin weder blöd noch doof und die Beleidigung ist die verletzend gemeinte Meinung einer einzelnen Person. Diese böse Meinung hat nichts mit mir zu tun. Das zeige ich, in dem ich sie ablehne.“

Auch hier kann der Erfolg selbst bewertet werden. Es ist ein Erfolg, die Beleidigung zurückgewiesen zu haben. Für die Definition des Erfolgs muss die Reaktion nicht optimal, sondern vor allem erfolgt sein.

4. Wertschätzung und Bestätigung einholen[49]
Der letzte Schritt ist, sich bei Freunden und Freundinnen Wertschätzung und Bestätigung einzuholen: „Kannst du dir vorstellen, das hat der oder die zu mir gesagt!" Diese Wertschätzung muss durch Freunde oder Freundinnen bzw. wohlmeinende Personen eingebracht werden. Hier ist Solidarität gefragt. Dies geschieht am besten mit Äußerungen wie „Hör nicht darauf, du bist meine Freundin und ich mag dich so, wie du bist!", „Nimm es nicht ernst. Wir mögen dich und das ist das Wichtigste!" oder „Der redet doch immer solchen Müll, ich bin deine Freundin, das ist wichtig", oder „Lass dir nichts einreden, du bist in Ordnung, so wie du bist!".

Das positive Bild wird durch eine andere Person, eine Freundin oder einen Freund bestätigt und unterstützt. Die Wertschätzung der Freunde und Freundinnen schützt und setzt der Abwertung die Wertschätzung entgegen. Die Beleidigung verliert ihre zerstörerische Kraft.

4.1.3 „Eine ungefragte Frechheit"[50]: Anschaulichkeit und Wirkungsweise einer Beleidigung[51]

Es ist sinnvoll, in einem Kurs diesen theoretischen Überbau ebenfalls zu erklären. Am besten lässt sich die Wirkungsweise vor allem bei jüngeren Mädchen mit dem Vergleich in dieser Demonstration zeigen. Damit führe ich auch die darauf folgenden Übungen ein:

■ **Demonstration „Beleidigungsball"**
Die Trainerin wirft einer Teilnehmerin den Beleidigungsball mit einer Beleidigung zu. Wenn an dem Kurs eine Co-Trainerin teilnimmt, sollte diese Übung mit ihr zusammen gezeigt werden. Das Vorgehen und die Beleidigung ist vorher mit der Teilnehmerin abgesprochen. Die Teilnehmerin fängt den Ball auf und sagt nichts.

---

49 Die Überlegungen zum Engelkonzept in Bezug auf Beleidigungen wurden angeregt durch die Lektüre von Joachim Bauer, Das Gedächtnis des Körpers, München, Piper; 11. Aufl. 2007. Siehe Zusammenfassung auf S. 13 und S. 19.

50 Zitat einer Teilnehmerin beim Thema Beleidigungen

51 Anschaulichkeit und Wirkung einer Beleidigung, in diesem Fall eines Schimpfwortes, illustriert folgendes Bilderbuch: Edith Schreiber-Wicke, Carola Holland, Achtung! Bissiges Wort!, Stuttgart, Thienemann; 2004. Gut geeignet für jüngere Mädchen.

Erklärung Schritt 1: Eine Beleidigung kann man metaphorisch wie einen dicken roten klebrigen Ball mit Stacheln beschreiben. Wenn sie ein Mädchen trifft, fällt sie nicht mehr ab, sondern bleibt kleben und beginnt, sich Richtung Seele vorzuarbeiten. Die Beleidigung beginnt zu wirken. Die Getroffene fühlt sich gekränkt und abgewertet und macht sich Gedanken, ob sie tatsächlich so ist, wie die Beleidigung impliziert. Sie fragt sich. „Sehe ich aus, als ob ich so doof wäre?“, „Sehen andere mir das an?“.

■ **Demonstration „Beleidigung nicht annehmen, sondern zurückwerfen“**
Die Trainerin wirft erneut der gleichen Teilnehmerin den Beleidigungsball mit einer Beleidigung zu. Jetzt wirft die Teilnehmerin den Ball schwungvoll an die Trainerin zurück und sagt laut und klar: „Lass mich einfach in Ruhe!“

Erklärung Schritt 2: Als Angegriffene will ich nicht zulassen, dass mich die Beleidigung verletzt. Daher muss ich sie so schnell wie möglich wieder loswerden und direkt zurückgeben. Die Beleidigung wird zurückgeworfen und mit ihr das Bild, das konstruiert wurde. Dem wird das eigene Bild, die eigene Sicht entgegengesetzt: „Ich bin nicht so wie du sagst und ich lasse mir das auch nicht einreden.“

Externalisierung – was bei den Beteiligten passiert?
Die Beleidigte wirft den Beleidigungsball mit einer abgrenzenden Äußerung zurück. So können die anderen Teilnehmerinnen sehen, dass sie einen aktiven Part darin hat. Sie kann die Beleidigung zurückgeben, sie muss sie nicht bei sich behalten und sie muss sie auch nicht ernstnehmen. Und sie kann sie verbal zurückweisen. Sie ist zwar die Gekränkte, aber kein Opfer, denn sie handelt und weist mit der Ansage die Kränkung zurück.

■ **Demonstration „Beleidigung Ignorieren müssen“**
Die Trainerin wirft erneut der gleichen Teilnehmerin den Beleidigungsball mit einer Beleidigung zu. Die Teilnehmerin lässt den Ball auf den Boden fallen.

Erklärung Variante „Beleidigung auf den Boden“
Das ist die Variante „Ignorieren der Beleidigung“. Aus bestimmten Gründen kann ich nichts sagen und auch keine Ansage entgegensetzen. Trotzdem nehme ich die Beleidigung nicht an, sondern lasse sie fallen. Das ist eine überlegte Reaktion, weil meine Einschätzung der Lage mir sagt, dass alles andere keine gute Alternative ist.

■ **Demonstration „Freundin hilft“**
Die Trainerin wirft erneut der gleichen Teilnehmerin den Beleidigungsball mit einer Beleidigung zu. Die Teilnehmerin wirft den Ball schwungvoll an die Trainerin zurück und sagt laut und klar: „Lass mich einfach in Ruhe!“ Eine weitere Teilnehmerin spielt mit. Auch sie wird vorher eingeweiht und erfährt,

was sie zu tun hat. Sie spielt die Freundin von Teilnehmerin 1. Sie geht auf die Teilnehmerin 1, also ihre Freundin zu und sagt: „Ich habe gehört, was der gerade gesagt hat. Hör nicht auf ihn. Er redet oft Müll. Du bist meine Freundin und ich mag dich genauso wie du bist!"

Erklärung Schritt 3: Die Abwehr der Beleidigung funktioniert besser, wenn das positive Bild, das der Beleidigung entgegengestellt werden soll, durch eine andere Person (zum Beispiel eine Freundin) bestätigt und unterstützt wird. Um in dem oben genannten Bild zu bleiben, legt sich die Wertschätzung der Freundinnen und Freunde wie ein Pflaster auf die Wunde, die durch die Beleidigung zugefügt wurde. Die Beleidigung wird so entfernt oder aufgehoben und lastet nicht weiter auf der Seele. Die Betroffene reagiert in der Regel mit großer Erleichterung.

4.1.4 Beleidigungsball und Engelsystem

■ Übung: Beleidigungen zurückgeben

Die Übung wird, wie oben beschrieben, vorgestellt und erklärt. Dann stellen sich alle Teilnehmerinnen in einem großen Kreis auf.

Die Trainerin nimmt den Beleidigungsball und führt die ersten Runden selbst als Beleidigende durch. Sie wirft jedem Mädchen eine Beleidigung zu. Diese fängt den Ball, macht ihre Ansage und wirft den Ball zurück. Weiter unten führe ich aus, was bei den Beleidigungen zu beachten ist. Bitte Vorsicht!

Zum Vorgehen schlage ich Folgendes vor: Wenn ich die Beleidigende spiele, erkläre ich das der Gruppe. Ich erläutere, dass ich Beleidigungen äußere, ich diese nicht ernst meine und ich sie nur sage, damit sie die Abwehr üben können. Der Schwerpunkt liegt also auf der Abwehr. Ich benutze dafür, je nach Gruppe, ein Verkleidungsutensil, meist eine Mütze. Damit mache ich den Unterschied deutlich: Ohne Mütze bin ich die Trainerin. Mit Mütze spiele ich die beleidigende Person.

„Aussteigen aus einem blöden Spiel"[52]: Zu den Ansagen
Die Ansagen um eine Beleidigung zurückzuweisen, sollten klar und deutlich vermitteln, dass das Problem bei dem oder der Beleidigenden liegt.
Beispielsweise: „Lass mich einfach in Ruhe!"
„Das interessiert mich nicht!"
„Das ist nicht mein Problem!"

---

52 Zwei Teilnehmerinnen nannten dies so. Sie führten das so aus: „Sonst geht es immer im Kreis."

Oder im Dialog:
Auf „Du blöde Kuh!“ die Ansage: „Lass mich einfach in Ruhe!“
Auf „Wie dämlich siehst du denn aus!“ die Ansage: „Das geht dich überhaupt nichts an!“

Keine Beschimpfungen zurück
Eine Beleidigung sollte nicht mit einer weiteren Beschimpfung beantwortet werden. Dabei besteht die Gefahr einer Eskalation. Das Ziel des Ganzen ist, heil aus der Situation herauszukommen, „aus dem Spiel auszusteigen“, in das man ohne eigenes Wollen hinein verwickelt werden sollte.

Auf „Du blöde Kuh!“ nicht „Du Arsch!“ oder „Selber“, sondern: „Lass mich in Ruhe!“
Auf „Du siehst echt bescheuert aus!“ nicht „Schau doch dich an!“ oder „Du siehst ja noch viel blöder aus!“ sondern: „Lass mich einfach in Ruhe!“
Auf „Als Pädagogin sind sie eine Versagerin!“ nicht „Sie auch!“ sondern: „Darüber diskutiere ich nicht.“

Keine Frage zur Beleidigung
Beleidigungen werden auch nicht mit einer Frage beantwortet. Die Frage beinhaltet eine Einladung zum Gespräch. Dies ist nicht erwünscht, da ein Gespräch mit einer Person, die mich beleidigt, nichts bringt außer weiteren Beleidigungen.

Auf „Guck nicht so blöd!“ nicht „Was soll denn das?“, auch nicht „Wie meinst du das?“ sondern: „Lass mich einfach in Ruhe!“

Keine Diskussion der Beleidigung
Eine Beleidigung soll auch nicht diskutiert oder kommentiert werden. Sie ist eine Beleidigung und kein konstruktiver Gesprächsbeitrag. Wenn ich sie diskutiere oder mich rechtfertige, zeige ich, dass ich sie annehme, ernstnehme und mir Gedanken dazu machen. Das soll nicht sein, denn es ist eine Beleidigung. Wenn ich die Diskussion ablehne, lehne ich auch die Beleidigung ab.

Auf „Du sieht voll doof aus“ nicht „Ich sehe doch heute gut aus!“, „Was gefällt dir nicht?“ sondern „Ich hab dich nicht gefragt!“ oder „Das interessiert mich nicht!“.
Auf „Hast du diese Hose von deiner Oma aussuchen lassen?“ nicht „Nein, ich habe sie bei H&M geholt.“ sondern „Das geht dich nichts an. Lass mich in Ruhe.“.

Übung: Beleidigungen zurückgeben: Aussteigen aus einem blöden Spiel mit Hilfe eines Engels oder meiner Freundin

Alle Teilnehmerinnen stehen wieder im Kreis. Jeweils die Nachbarin (rechts oder links) bekommt die Rolle der Freundin oder des „Selbstverteidigungs-Engels".

Je nach Teilnehmerinnen kann ich mit der Freundin oder dem Selbstverteidigungs-Engel arbeiten. Das Bild des Selbstverteidigungs-Engels verdeutlicht, wie wichtig die Freundin und wie wirksam ihr Aussage für die Aufarbeitung der Beleidigung ist.

Die Trainerin wirft den Beleidigungsball der ersten Teilnehmerin zu. Diese wirft ihr ihn, wie vorher geübt, zurück. Dann ist ihre Nachbarin dran. Sie sagt zur Teilnehmerin: „Hör nicht auf ihn. Er redet immer Müll. Du bist meine Freundin und ich mag dich genauso wie du bist!" Dann ist die Nächste in der Runde dran.

Externalisieren des Umgangs durch die Hilfe des Engels

Die Freundin oder der Selbstverteidigungs-Engel verbalisiert die Wertschätzung, das Positive für die Betroffene. Sie kann sagen:

- „Du bist nicht so, wie der sagt. Du bist in Ordnung!"
- „Du machst das prima!"
- „Darauf kommt es nicht an, du siehst schön aus!"
- „Lass dir das nicht einreden. Du bist richtig, so wie du bist."

Diskussion

In der Diskussion sollte Folgendes geklärt werden: Wenn keine Freundin direkt und zeitgleich bei der Hand ist, kann die Wertschätzung auch später eingeholt werden: „Stell dir vor, was der zu mir gesagt hat." Die Betroffene kann das Geschehen erzählen und die Freundin kann zu dem späteren Zeitpunkt entsprechend reagieren. Die wohltuende und aufbauende Wirkung der Äußerung der Freundin ist dann genauso da.

Im ersten Moment nach der Beleidigung oder dem Bericht darüber muss die Freundin wohlwollend sein. Berechtigte Kritik kann später besprochen werden. Wenn die Kränkung lautete: „Du bist die geschwätzigste Person, die ich kenne!" darf die Freundin nicht antworten „Ja, finde ich auch. Ich überlege immer, ob ich dir etwas erzählen kann!". Die Antwort muss sein: „Hör nicht auf den oder die, ich bin deine Freundin. Ich mag dich so, wie du bist." Berechtigte und konstruktive Kritik kann später und in einem anderen Rahmen besprochen werden.

Internalisieren

Es sollte verdeutlicht werden, dass Mädchen und Frauen diesen Part auch für sich selber übernehmen können. Sie können diese Aussagen für sich selbst machen und damit ihr Selbstvertrauen und ihre Selbstsicherheit stabilisieren.

- „Ich bin nicht so, ich bin in Ordnung!"
- „Darauf kommt es nicht an, es ist wichtig, wie ich bin, nicht wie ich aussehe."
- „Ich lass mir das nicht einreden."
- „Ich mach das prima! Ich mach das gut!"

Erfahrung aus der Praxis

Die Trainerin sollte ihre Beleidigungen mit Bedacht wählen. Je nach Gruppe gehe ich anders vor. Wichtig ist es, das Prinzip zu üben. Meiner Ansicht nach geht das auch mit allgemein gehaltenen, nicht persönlich treffenden Beleidigungen. Ich versuche nicht, die wunden Punkte der Einzelnen zu finden.

Es gibt hier allerdings die gegenteilige Theorie, die von meiner Kollegin Borghild Strähle vertreten wird. Sie ist der Ansicht, dass, wenn ein Mädchen einmal eine Beleidigung gehört hat, die ihren wunden Punkt getroffen hat, sie in der Folge sozusagen immun dagegen ist. Sie kann nicht mehr so tief verletzt werden, da sie sich damit auseinandergesetzt, ihren wunden Punkt bzw. ihre Verletzlichkeit reflektiert und die Abwehr eingeübt hat.

Beleidigungen bei jüngeren Mädchen

Eine Möglichkeit ist, die Beleidigung anzukündigen. Ich sage dem Mädchen: „Ich sage zu dir: Du bist ja doof. Ist das okay?" So hat sie ein Chance, sich darauf einzustellen. Meistens ist es okay, manchmal schlägt ein Mädchen dann eine andere Beleidigung vor. „Ich möchte lieber ‚Du Brillenschlange'!" Oder ich greife Beleidigungen auf, die in der vorherigen Fragerunde genannt wurde. „Du hast doch vorher gesagt, die Jungs sagen Brillenschlange zur dir. Ich sage das jetzt. Was könntest du sagen?"

Beleidigungen bei älteren Mädchen

Hier wähle ich sehr allgemein gehaltene Beleidigungen, die ich dann in ähnlicher Form bei mehreren wiederhole. So bleibt sozusagen keine Beleidigung an einer einzelnen hängen, sondern ich kann das Prinzip üben. Beleidigungen zum Aussehen sind nur mit Vorsicht zu wählen. Und nur dann, wenn das Mädchen damit umgehen kann.

Beleidigungen bei Frauen

Hier wähle ich oft Beleidigungen, die die Kompetenz der Teilnehmerin in Frage stellt. Dies ist nicht so nahe und das Prinzip kann wiederum geübt werden. Auch hier sind Beleidigungen zum Aussehen nur mit Vorsicht einzusetzen. Ich hoffe, dass die Übertragung auf Beleidigungen, die sie tatsächlich verletzen, dann selbstständig gelingt.

Bei Frauen und Mädchen mit Behinderungen
Mädchen und Frauen mit Behinderungen haben manchmal eine Tendenz, sich für die Beleidigung zu entschuldigen. „Weißt du, das ist so, weil ich eine Behinderung habe!" Ich versuche selbstwertstärkend zu arbeiten. Ich will ihnen vermitteln, dass sie eine Beleidigung abweisen und sich nicht rechtfertigen oder sogar entschuldigen sollten. Sie sind es wert, dass derjenige in die Schranken gewiesen wird. In diesen Fällen versuche ich deutlich zu machen, wen und warum ich ihn für den Täter und den „Blöden" oder „Bösen" halte. Freundinnen können sich hier sehr wirkungsvoll gegenseitig unterstützen.

Übung: Beleidigungen zurückgeben in der Gruppe
Die Teilnehmerinnen werden in Dreier- oder Vierergruppen aufgeteilt. Die Gruppe umfasst die Beleidigende, die bestärkende Freundin und die Beleidigte.
Wenn die Anzahl der Teilnehmerinnen Vierergruppen notwendig macht, ist die vierte in der Gruppe entweder Beobachterin oder eine zweite Freundin.

Die Beleidigende sagt die Beleidigung, das Mädchen gibt sie zurück und die Freundin hilft ihr. Dann wird gewechselt, bis alle mehrfach üben konnten. Jüngere Mädchen sind motivierter, wenn die Beleidigende ebenfalls ein Mütze oder eine andere Verkleidung benutzt.

Vorführen
Die Gruppen sollten die Chance haben, ihre Variante den anderen Teilnehmerinnen in einer kleinen Vorführung zu zeigen. Damit kann die Vielfältigkeit sowohl der Beleidigungen als auch der Antworten gesehen werden, und man muss sich nicht alles selber ausdenken.

Erfahrung aus der Praxis
Jüngeren Mädchen macht diese Übung sehr viel Spaß. Sie sind oft erstaunlich kreativ in den Beleidigungen, die auch lustigen Charakter besitzen können.

Bei älteren Mädchen werden die Beleidigungen sehr konkret. Meine Erfahrung zeigt, dass die Mädchen sich dabei sehr gut behaupten. Der Transfer, den ich mir wünsche, findet in dieser Hinsicht statt.

Bei Frauen entpuppen sich die Beleidigungen bei dieser Übung ebenfalls als realitätsnah. Bei ihnen ist die Bedeutung der Freundin das schützende Element, das sie in ihren Alltag integrieren können.

4.2 Gefühle und Berührungen – Was sagen sie aus und wie gehe ich damit um?

4.2.1 Berührungen, sexueller Missbrauch und Grabscher: Testphase des Täters

Berührungen sind ein wichtiges Thema in der Selbstverteidigung. Beim sexuellen Missbrauch testen Täter vorher über Berührungen aus, ob sie ein leichtes Opfer vor sich haben oder ob sich der- oder diejenige zur Wehr setzen kann und wird. Im Zusammenhang mit sexualisierter Gewalt gibt es zudem das Täterbild des Grabschers. Die sexualisierte Gewalt wird über Begrabschen, also Berührungen ausgeübt.

In beiden Fällen versucht der Täter, den Übergriff so lange wie möglich zu verschleiern, um keine entschiedene Gegenwehr hervorzurufen. Er versucht zu verdecken, dass die Berührung absichtlich stattfindet, dass sie zur Täterstrategie dazugehört. Und er wird vor allem bei sexuellem Missbrauch so lange versuchen, die Wahrnehmung des Opfers zu manipulieren, bis es so verstrickt ist, dass es sehr schwer wird, sich zu wehren und sich aus der Situation zu befreien.

Ein Grabscher will die Betroffene glauben lassen, die Berührung wäre zufällig und unabsichtlich gewesen. Bei sexuellem Missbrauch versucht ein Teil der Täter zu dem oder der Betreffenden eine Art von Beziehung aufzubauen. Er vermittelt dem Opfer, sein übergriffiges Verhalten sei normal und gängig und nur auf seine Zuneigung zu dem oder der Betreffenden zurückzuführen[53].

Wenn die Betroffenen entschieden und abwehrend reagieren, wird der Täter die direkte oder spätere Gegenwehr befürchten. Ihre Reaktion erhöht die Chance, dass der Täter abbricht, damit die Übergriffe und er als Täter nicht aufgedeckt werden.

In der Selbstbehauptung und Selbstverteidigung kann das Thema Berührungen im Zusammenhang mit sexuellem Missbrauch und Grabschen besprochen werden.

Wenn ein schwieriges Thema wie sexualisierte Gewalt oder sexueller Missbrauch besprochen und in Übungen behandelt wird, muss ich darauf achten,

---

[53] Das ist meine Zusammenfassung, sehr kurz und sehr allgemein. Täterstrategien bei sexuellem Missbrauch sind mittlerweile gut erforscht. In der Literaturliste habe ich die Klassiker dafür aufgelistet. Eine kurzen Überblick kann man sich auf folgenden Seiten verschaffen: https://www.frauen-gegen-gewalt.de/de/was-ist-das-228.html

dass ich keine Teilnehmerin überfordere. Was ich übe oder bespreche muss für sie zu bewältigen sein und überschaubar bleiben. Es ist zwingend, dass alle Mädchen mit einem guten Gefühl aus dem Kurs hinausgehen. Sie sollten auf keinen Fall durch Situationsbeschreibungen verängstigt werden. Bei diesem Thema muss die Trainerin, wie eingangs beschrieben[54], die Teilnehmerinnen aufmerksam im Auge behalten und deren Reaktionen im Hinblick auf Stresssymptome und Anzeichen für Getriggertwerden wahrnehmen.

Ich beschränke mich in meinen Erklärungen auf die Testphase des Angreifers, auf die Spanne, in der ein potenzieller Täter die Widerstandkraft seines Opfers einschätzt. Dann muss ich keine gewalthaltigen Situation beschreiben, sondern kann den Übergriff an überschaubaren und abwehrbaren Handlungen festmachen. So kann es sich ein Mädchen zutrauen, sich dagegen zur Wehr zu setzen.

Ich leite den Themenkomplex über Berührungen ein und vermittle zugleich das Vorgehen „Wahrnehmen des Austestens“ und die Gegenstrategie "Durchkreuzen der Testphase des Täters“.

4.2.2 Spannungsfelder für die Betroffenen: Beispiele

Um die Vielfältigkeit und das komplexe Beziehungsgeflecht beim Thema Berührungen zu zeigen, benutze ich mehrere Beispiele. Von diesen haben mir Teilnehmerinnen berichtet. Sie verdeutlichen, dass es nicht so einfach ist, in diesem Spannungsfeld eine eindeutige Reaktion zu erbringen und sich klar abzugrenzen, geschweige denn dies zu vermitteln oder den Transfer in den Alltag gelingen zu lassen.

1. **Ich mag die Person nicht, ich mag die Berührung nicht und die Person kann mir nicht gefährlich werden.**
   Anne saß im Zug, um nach einer längeren Reise nach Hause zu fahren. Sie war allein in einem Abteil. Ein junger Mann setzte sich zu ihr. Er fing ein Gespräch mit ihr an, das aber von ihrer Seite aus eher wortkarg blieb. Plötzlich zog er seine Schuhe aus und begann, mit seinem Fuß ihren Fuß zu streicheln. Obwohl Anne schüchtern sagte, er möge doch damit aufhören, machte er weiter. Irgendwann stand sie auf und verließ das Abteil. Anne hatte zwar kein Angst, aber sie fühlte sich sehr unwohl und wollte zudem kein unnötiges Aufsehen erregen. Daher war ihre Reaktion sehr verhalten.

[54] Vergleiche dazu Kap. 2.2

2. **Ich mag die Person nicht, ich mag die Berührung nicht, aber die Person kann mir gefährlich werden.**
Chiara wartete auf den Zug. Ein Unbekannter sprach sie an und bat sie, ihm hinter dem Bahnhof etwas zu zeigen. Chiara war freundlich und ging mit ihm mit. Als sie den gewünschten Platz erreichten, waren keine anderen Menschen mehr in der Nähe. Der Mann wurde zudringlich und versuchte sie zu umarmen. Chiara war völlig verunsichert und schaffte es eben noch, zum Bahnhof zurückzugehen. Sie konnte die Situation überhaupt nicht überschauen, ihr fiel kein Ausweg ein, und sie hatte Angst vor einer möglichen gewalttätigen Reaktion des Unbekannten.

3. **Ich mag die Person, aber ich mag die Berührung nicht.**
Lena arbeitete in einer Werkstätte für Menschen mit Behinderungen. Bei einer Veranstaltung in ihrer Firma war sie beauftragt, das Geschirr einzusammeln. Mit einem vollbeladenen Tablett ging sie zur Küche. Hier wurde sie von einem Kollegen abgepasst, der die Gelegenheit nutzte, sie umarmte und antatschte. Sie schrie ihn an. Er ließ sie nicht sofort los, sondern erst nach mehrmaligem Anschreien. Sowohl ihr Freund als auch sie selbst konfrontierten den Mann mit seinem Verhalten. Der Vorfall beschäftigte sie noch einige Zeit, konnte dann aber von ihr abgelegt werden.

   Maria, eine Schülerin, hatte einen Mitschüler, den sie eigentlich ganz nett fand. Immer wieder zog er sie während der Pause in die Büsche des Pausenhofes und küsste sie. Die Lehrerin erklärte ihr, der Junge wäre in sie verliebt und würde und könnte nicht respektieren, dass sie eben nichts von ihm wissen wollte.

   Janka war auf dem Heimweg von der Disco. An der Bushaltestelle traf sie den besten Freund ihres Bruders. Er schien angetrunken zu sein. Er bat sie, mit ihm die Straße zu überqueren. Auf der anderen Straßenseite zog er sie hinter ein paar Büsche und küsste und belästigte sie. Obwohl sie ihm klar bedeutete, dass sie dies nicht wolle, hörte er nicht auf. Sie konnte sich letztendlich befreien und zur Bushaltestelle zurückrennen, an der noch andere Leute standen. Dies ging nicht ganz ohne Schrammen für sie ab. Sie war nicht in der Lage, ihrem Bruder oder jemand anderem von dem Vorfall zu erzählen. Sie ging davon aus, dass der Freund für ihren Bruder so wichtig wäre, dass er ihr, seiner Schwester, nicht glauben würde.

4. **Ich mag die Berührung nicht, aber ich bin von der Person abhängig.**
Monika arbeitete in einer Werkstätte und musste jeden Tag mit dem Bus fahren, um zur Arbeit zu kommen. Einmal kam sie relativ

verstört dort an und erzählte, dass der Busfahrer sie aufgefordert hatte, ihn zu küssen, da er sonst die Tür des Busses nicht öffnen würde. Sie befürchtete, dass er sie nicht mehr mitnehmen würde, wenn sie sich wehrte.

Im Rahmen eines Kurses, in dem wir das Thema Berührungen bearbeitet und die entsprechenden Rollenspiele bereits gemacht hatten, erzählte ein Mädchen, dass sein Opa ebenso mit ihm umgegangen sei. Der Opa sei aber sehr nett zu ihnen und würde der Mutter, die alleinerziehend sei, helfen. Beispielsweise würde er sie mit seinem Auto zum Schwimmen fahren und der Mutter finanziell unter die Arme greifen. Nachdem sie dies erzählt hatte, brach sie ihre Teilnahme an dem Kurs ab und kam nicht wieder.

4.2.3 Sich gegen das Austesten wehren

Bestärkung der Wahrnehmung
Die Wahrnehmung einer Situation oder einer Berührung ist ein Signalgeber. Wenn ich ein schlechtes oder komisches Gefühl dabei habe, muss ich dies ernstnehmen. Es ist sozusagen meine „Alarmanlage“.

Das Gefühl des Unbehagens ist vielleicht in den ersten Momenten nicht einzuordnen. Es sollte dennoch wahrgenommen und ernstgenommen werden. Es sollte nicht weggedrückt werden, beispielsweise weil sich direkt der Gedanke breitmacht, dass ich es demjenigen doch nicht zutraue. „Das ist doch der beste Freund meiner Vaters, der macht das doch nicht.“ Oder: „Das ist doch mein Reitlehrer oder Boxtrainer, der will mich doch nur fördern.“ Es ist in diesem Kontext vollkommen in Ordnung misstrauisch zu sein.

Oft formulieren Betroffene im Rückblick, dass sie ein komisches Gefühl gehabt hatten, dieses aber von sich wegschoben und ignorierten. Daher sollte betont werden, wie wichtig es ist, auf diese Gefühle zu hören und sie als Alarmzeichen zu werten.

Im Folgenden beschreibe ich Übungen, um Mädchen und Teilnehmerinnen für die Wahrnehmung ihrer Gefühle zu sensibilisieren und über die unterschiedlichen Berührungen, die unbehagliche Gefühle auslösen, mit ihnen in die Diskussion zu kommen. In der Diskussion kann dann die Testphase thematisiert und mit den Gefühlen als Alarmzeichen verbunden werden.

Die Rollenspiele des zweiten Teils zeigen, wie die Strategien umgesetzt und eingesetzt werden können.

4.2.4 Übungen zur Wahrnehmung von und Sensibilisierung gegenüber Berührungen

Bei allen Übungen ist es selbstverständlich, dass die Mädchen freiwillig mitmachen. Wenn also eines keine Lust oder einen anderen Hinderungsgrund hat, kann sie entweder zuschauen oder beispielsweise in einer Dreiergruppe mitmachen, damit sie bestimmte Dinge nicht übernehmen muss. Es ist genauso selbstverständlich, dass eine Teilnehmerin abbrechen und für sich eine Pause machen kann.

■ **Übung: Burgspiel**[55]

Die Teilnehmerinnen stehen im Kreis, eher eng beieinander oder sie fassen sich bei den Händen. Dieser Kreis stellt die Burg dar. Eine Teilnehmerin steht außerhalb des Kreises. Sie möchte ebenfalls in die Burg hinein und der Schlüssel, um in die Burg hineinzukommen, ist eine Berührung.

Das Mädchen außerhalb des Kreises führt also bei einer Teilnehmerin im Kreis eine Berührung aus. Beispielsweise klopft sie ihr auf den Rücken, wuschelt ihr durch die Haare oder klopft ihr auf den Po. Das Mädchen im Kreis spürt, ob sie die Berührung angenehm findet oder nicht. Nimmt sie die Berührung als angenehm wahr, sagt sie: „Das war fein, Du darfst rein!"

Dann tauschen die beiden Mädchen die Plätze und das nach außen gewechselte Mädchen macht weiter und führt bei dem nächsten Mädchen im Kreis eine Berührung aus. Findet das Mädchen im Kreis die Berührung unangenehm, sagt sie: „Nein, Nein, Nein, so lass ich Dich nicht rein!" In diesem Fall muss das Mädchen außerhalb des Kreises bleiben und es bei der nächsten Teilnehmerin erneut versuchen.

Erfahrung aus der Praxis: Ein Mädchen darf nicht zu lange außerhalb des Kreises bleiben. Wenn sie mehrere Teilnehmerinnen berührt hat und von allen abgewiesen wurde, muss die Kursleiterin eingreifen und einen Wechsel einleiten. Manchmal werden solche Spiele benutzt, um Außenseiterinnen auszugrenzen.

Weiterhin muss die Leitung darauf achten, dass die Mädchen einander bei den Berührungen nicht wehtun. Manchmal entwickelt das Spiel dahingehend eine Eigendynamik. Ein Mädchen will sich beispielsweise nicht mehr in den Kreis integrieren und erzwingt dies durch schmerzhafte Berührungen. Andere wiederum gehen weniger nach ihrer Wahrnehmung als vielmehr nach ihrem Wunsch, nur mit bestimmten Mädchen oder eben nicht zu wechseln. Dies

---

[55] Dieser Übung stammt aus dem Klassiker der Präventionsarbeit von Gisela Braun: Ich sag Nein. Ich stelle sie so dar, wie ich sie einsetze.

kann angesprochen werden. Als Frage formuliert kann dies dem betreffenden Mädchen rückgemeldet werden („Kann es sein, dass du ...?").

In größeren Gruppen können auch zwei oder drei Mädchen außen sein. Damit kommt jede Einzelne wieder schneller an die Reihe und Langeweile wird verhindert.

■ Übung: Körperschema

Ein Körperumriss wird auf große Papierbahnen aufgemalt. Auf dem Körperschema können die Teilnehmerinnen Körperstellen markieren (malen oder mit Kärtchen), an denen sie Berührungen mögen, zulassen oder ablehnen.

Die Diskussion klärt, welche Personen ein Mädchen an welchen Stellen berühren dürfen und welche Personen dies nicht dürfen. Bei vorliegendem Schema kann erarbeitet werden, wie Körperstellen bezeichnet werden und welche davon zum Intimbereich gehören. Die dadurch hervorgerufenen Gefühle sollten auch die Fragen nach der Verantwortung für die Berührungen (die liegt nämlich beim Täter) und nach der Schuld (liegt ebenfalls dort) aufwerfen.

Erfahrung aus der Praxis: Mädchen mit Behinderungen

Diese Übung eignet sich gut für Mädchen mit Behinderungen. Der Transfer muss allerdings extra angesprochen werden. Sozusagen: Wo ist die Stelle, die ich angemalt habe, bei mir? Ich habe gute Erfahrungen mit Markierungspunkten gemacht, die direkt auf die Kleidung der Mädchen aufgeklebt wurden. Am besten lief die Übung, wenn die Mädchen sich die Punkte gegenseitig aufkleben konnten. Dabei profitierten sie sehr von einander, da sie zu zweit (ohne Trainerin) viel besser ins Gespräch kamen. In einer gemeinsamen Runde kam jede einzelne noch einmal zu Wort und konnte sich und ihre Punkte zeigen und erklären.

Dann kann dazu übergeleitet werden, dass ein Mädchen sich gegen Personen zur Wehr setzen darf, die ihre Aussage in der Hinsicht nicht respektieren.

■ Übung: Berührungen bewerten

Die Teilnehmerinnen finden sich paarweise und stellen sich mit ausreichendem Abstand zum nächsten Paar im Kreis auf. Eine ist die Aktive, die unterschiedliche Berührungen ausführt, die andere ist die Wahrnehmende, die einschätzen soll, ob ihr die Berührungen angenehm oder unangenehm sind.

Diejenige, die berührt, kann beispielsweise massageähnliche Berührungen am Rücken ausführen. Sie kann die Beine ab- und hochklopfen oder auf den Bauch fassen, um zu sehen, wann es der Partnerin unangenehm wird oder sie kann ihr leicht auf den Po klopfen. Wenn die Partnerin die Berührung angenehm findet, darf die Partnerin weitermachen. Wenn die Berührung unangenehm ist, sagt sie dies und die Partnerin hört auf.

Um die Zeit zu überbrücken, die andere Mädchen brauchen, um zu ihrer Einschätzung zu kommen, sollte eine neutrale, für alle angenehme Klopfmassage vorgegeben werden. Zum Beispiel ist den meisten Mädchen das Ausklopfen der Schultern oder des Rückens angenehm. Weil regelmäßig eine angenehme Berührung stattfindet, kann die Übung insgesamt einen positiven Charakter behalten.

Diese Übung verdeutlicht, dass die gleiche Berührung unterschiedliche Reaktionen hervorrufen kann. Nicht alle Mädchen mögen die gleiche Berührung. Sie zeigt aber auch, dass im Intimbereich die Reaktionen wiederum sehr ähnlich, nämlich meist ablehnend sind.

Variation: Wenn in der Gruppe ein respektvoller und guter Umgang herrscht, können der Partnerin, die die Berührungen fühlt, die Augen verbunden werden, damit sie durch die anderen nicht abgelenkt wird und sich fokussieren kann.

Erfahrungen aus der Praxis: Wenn die Gruppe viel Struktur braucht, kann und sollte die Kursleiterin die Berührungen vorgeben. Sie kann die Berührungen zeigen oder mit einer Teilnehmerin (wenn die Teilnehmerinnenzahl ungerade ist) eine Gruppe bilden und die Berührungen ausführen. Die Teilnehmerinnen müssen diese Berührungen übernehmen.

■ Übung: Macherin – Bestimmerin[56]

Material: verschiedene Massagegeräte wie Igelball etc.
Die Massagegeräte werden auf einem Tuch in der Mitte des Raumes und der Teilnehmerinnen ausgebreitet.

Die Teilnehmerinnen gehen partnerinnenweise zusammen. Es gibt zwei Rollen, die Macherin und die Bestimmerin. Die Macherin, wie der Name sagt, macht. Sie macht Berührungen bei Ihre Partnerin mit den zu Verfügung gestellten Massagegeräten. Die Bestimmerin bestimmt über die Berührungen. Sie fühlt die Berührungen und darf daher sagen, was die Macherin tun soll. Die Bestimmerin kann sich die Berührungen wünschen, die Macherin

---

56 Diese Übung und vor allem der Name stammt in ihrer ursprünglichen Form von Anke Erath. Ich habe sie anlässlich des Seminars „Jappy, Youporn und Bodystyling": Körper- und sexualitätsbezogene Jugendkulturen, Stuttgart 7.–9.5.2010, ReferentInnen: Anke Erath und Reiner Wanielik, ISP – Institut für Sexualpädagogik Dortmund in Stuttgart kennengelernt.
Ich beschreibe hier die Variante der Übung, die ich einsetze.

kann Berührungen vorschlagen und ausprobieren. Sie muss allerdings die Empfindungen der Bestimmerin ernstnehmen und mit der jeweiligen Massageart aufhören, wenn die Bestimmerin dies verlangt. Nach ein paar Minuten werden die Rollen gewechselt.

Bei dieser Übung soll herausgearbeitet werden, wie Berührungen empfunden werden, und wie deutlich gemacht werden kann, wenn etwas unangenehm ist. Der Schwerpunkt hier liegt darauf, wer über Berührungen entscheidet.

Erfahrung aus der Praxis
Diese Übung ist meine Erfahrung nach sehr beliebt und auch Mädchen, die sehr lebhaft sind, können sich dabei gut konzentrieren und machen gut mit. Sie prägt sich außerdem gut ein und man kann im späteren Verlauf darauf zurückgreifen: „Ich wisst doch, ihr seid die Bestimmerinnen." Oder eben als Frage: „Und wer ist hier die Bestimmerin?"

4.2.5 Besprechen der Sensibilisierungsübungen

Diskussionsleitfaden

1. Wie war es für euch?
- Wie fandet ihr die Übung, wie ging es euch damit?
- Welche Berührungen fandet ihr angenehm, welche unangenehm?

2. Wo darf ein Mädchen berührt werden? Benennung der Körperteile
- Wo fandet ihr die Berührungen angenehm, wo unangenehm?
- Wo darf eine Frau/ein Mädchen berührt werden? Benennung der Körperstellen.
- Wo darf ein Mädchen nicht berührt werden? Ebenfalls Benennung der Körperstellen.

Erfahrung aus der Praxis
Folgende Geschichte wurde mir erzählt: Ein Junge mit Behinderung beschwerte sich bei seinem Betreuer, dass ein anderer Junge aus der Wohngruppe ihm immer in die Haare fasste. Die Betreuer sahen darin keinen schwerwiegenden Übergriff, bis sich herausstellte, das der Junge die Schamhaare meinte. Er hatte keinen Begriff dafür. Ein Übergriff kann schneller erkannt werden, wenn die richtigen Bezeichnungen bekannt sind.

3. Wer darf ein Mädchen berühren?
- Wo darf ein Fremder eine Frau/ein Mädchen berühren? Wo nicht? An der Hand, an der Schulter?

- Wo darf ein Freund, eine bekannte Person ein Mädchen berühren? Wo nicht?
  Benennung Intimbereich und Geschlechtsteile.
- Wer darf umarmen und küssen?
  Meist werden Menschen genannt, die die Mädchen mögen und denen sie vertrauen wie Familienmitglieder und Freunde.

4. Wer entscheidet, ob ein Mädchen berührt werden darf?

- Warum darf das Mädchen entscheiden?
  Weil nur sie spürt und merkt, das will ich oder nicht.
  Weil nur sie ihre Stimmung kennt und weiß, im Moment ist es okay oder nicht.

- Wenn ein Mädchen den Betreffenden oder die Betreffende kennt und mag, darf sie immer noch entscheiden?
  Sie darf, weil sie auch bei bekannten und lieben Personen nach ihrem Gefühl gehen kann und muss.
  Letztendlich ist man auch in alltäglichen Situationen nicht immer in der Stimmung geküsst oder umarmt zu werden. Mit Schnupfen oder Erkältung will nicht jeder einen Begrüßungskuss bekommen.

5. Wer trägt die Verantwortung?

- Wer hat Schuld, wenn ein Mädchen gegen ihren Willen berührt wird?
- Wer hat die Verantwortung?
  Die Verantwortung liegt immer beim Täter. Diese scheinbar klare Aussage wird vom Täter vernebelt. Es ist Täterstrategie, die Verantwortung dem Mädchen zuzuschieben. Dadurch wird die Betreffende vom Opfer zur Mittäterin gemacht. Die Täter begründen dies beispielsweise so: Sie hätte es ja auch gewollt, sie wäre so attraktiv, da könne er gar nicht anders oder nur sie hätte ja Verständnis für ihn. Wenn das Opfer diese ihr aufgezwungene Verantwortung übernimmt, ist es weniger wahrscheinlich, dass sie sich Hilfe holt, die Tat aufdeckt und der Täter zur Rechenschaft gezogen wird.

  Um diese Strategie zu durchbrechen ist es so wichtig, auch präventiv zu betonen, dass die Verantwortung nicht bei dem Mädchen liegt. Die Formulierung, die ich in diesem Zusammenhang gerne benutze und die sich einprägt ist: Das Mädchen ist nie schuld. Mit dem Begriff „nie“ versuche ich, die unterschiedlichen Argumentationen des Täters pauschal zu entkräften.

6. Welche Strategien sind angebracht und welche sind einsetzbar?

- Ist meine Reaktion bei Fremden und Bekannten immer gleich?
  Bei dem Mitschüler, den ich eigentlich mag und der über das Ziel hinausschießt, kann ich länger argumentieren. Beim Freund meines Bruders, der mich begrabscht, kann ich mich schneller mit einer Ohrfeige oder einem Fußtritt wehren.
- Was hindert mich eventuell an einer effektiven Reaktion?
  Mögliche Gründe sind: Das Mädchen sieht eine Mitverantwortung (die sie ja, wie schon mehrfach betont wurde, nicht hat); sie mag die Person und hat die Hoffnung, dass es eine einmaliges Fehlverhalten ist; sie hat Angst, sich auffällig zu verhalten; sie hat Angst vor einer Überreaktion, Angst vor dem Betreffenden, Angst vor seiner Reaktion in dieser Situation.
- Die Leitlinie sollte sein, dass die Reaktion der Situation und der Person angemessen sein sollte.

- **Einsetzbar sind alle Strategien, die in Teil 3 vorgestellt wurden:**
  - Nein sagen und Nein zeigen
  - Laut werden und Schockschrei
  - Sicherheitsabstand
  - Techniken wie Fußtritt oder auf die Finger klopfen
  - Abwehr von Festhaltetechniken
  - Hilfe holen und den Übergriff erzählen

7. Sexueller Missbrauch und sexualisierte Gewalt

- Je nach Alter der Mädchen bietet es sich an, an dieser Stelle über das Thema sexualisierte Gewalt und sexueller Missbrauch zu sprechen. Die Informationen stehen dann nicht mehr abstrakt im Raum, sondern können an die Beispiele und Rollenspiele angebunden werden.

Ergebnisse der Diskussion

In der Diskussion sollten folgende Punkte klar herausgearbeitet werden: Jedes Mädchen und jeder Junge bestimmt über ihren/seinen Körper. Das wird in der Diskussion öfter verifiziert („Gilt das auch für Jungs?“ – „Natürlich!“). Ob Berührungen, Umarmungen etc. erfolgen dürfen, entscheidet das Mädchen anhand seines Gefühls.

Merke: Ich muss auf mein Gefühl hören, weil das Gefühl mir sagt, wie es für mich ist. Das Gefühl stimmt immer – egal, was andere dazu sagen und meinen.

Wenn jemand meine Gefühle nicht respektiert und mich weiter anfasst, küsst oder umarmt, dann darf ich mich dagegen zur Wehr setzen. Und ich darf das, weil es mein Recht ist, mich und meinen Körper zu verteidigen.

An dieser Stelle erhält die Selbstverteidigung ihre Relevanz. Ich darf mich so stark verteidigen, wie es notwendig ist, um den Angriff abzuwehren. Und ich darf, wenn es notwendig ist, dem Angreifer bei meiner Verteidigung auch Schmerzen zufügen.

4.2.6 Berührungen in der Pflegesituation

■ **Übung: Füße eincremen: Selbsterfahrung**[57]
Diese Übung eignet sich für ältere Jugendliche und erwachsene Frauen, wie auch für Pädagoginnen. Zusätzlich zur Wahrnehmung von Berührungen kann dadurch für die Besonderheiten der Pflegesituation bzw. von Abhängigkeitsverhältnissen sensibilisiert werden.

Die Teilnehmerinnen teilen sich partnerinnenweise auf. Jedes Paar erhält ein Döschen mit Creme. Tipp: Bitte nachfragen, ob Allergien vorhanden sind oder die Cremes dahingehend auswählen. Die Teilnehmerinnen haben die Aufgabe, ihrer Partnerin die Schuhe auszuziehen und deren Füße einzucremen. Dann werden der Partnerin die Schuhe wieder angezogen und zugeschnürt.

Erfahrung aus der Praxis
Die Teilnehmerinnen machen diese Übung nicht so gerne. Daher empfiehlt es sich, sie nur dann einzusetzen, wenn sich die Frauen schon etwas kenne und ich ihnen vermitteln kann, warum es sinnvoll ist, dass sie sich darauf einlassen. Und wenn ich sicher bin, dass die darauffolgende Diskussion in einer wertschätzenden Atmosphäre möglich ist.

Die Übung sensibilisiert für die Pflegesituation. Durch die Pflegehandlung (eincremen) findet eine Grenzverletzung statt, wie die eben oft auch in der Realität stattfindet. Die Füße gehören eher zum intimen Bereich des Körpers, vor allem wenn sie länger in Schuhen steckten.

Diskussion und Reflexion
- Wie geht es mir, wenn mein Intimbereich tangiert wird?
- Habe ich direkt vor der Übung gedacht: „Gut, dass ich heute morgen geduscht habe?"
- Wie geht es mir, wenn meine Grenzen überschritten werden und ich nichts dagegen tun kann? (Momentan, weil die Trainerinnen die Übung so gestalten.)

---

57 Ursprünglich geht diese Übung auf die Trainierin Sigrid Kwella zurück, die sie anlässlich der Fachtagung „Prävention & Prophylaxe konkret" der **BAG Prävention & Prophylaxe e.V., Angela May und Norbert Remus** am 15.–16.11.1999 in Berlin vorstellte. Bei ihr bestand die Aufgabe darin, der Partnerin die Füße zu waschen. Dies ist die bessere Übung, aber nicht in allen Kurskontexten durchführbar. Ich führe die Übung in der Variante mit Creme durch.

- Wie geht es mir, wenn ich in dieser Art von jemand anderem abhängig bin? Wie reagiere ich? Gelassen, apathisch, zornig?
- Was mache ich, wenn beide Schuhe unterschiedlich gebunden sind? Stört es mich? Sage ich etwas oder lieber nicht?

Diese Abhängigkeit erleben vor allem Mädchen und Frauen mit Behinderungen öfter.
- Und wie kann ich die Situation als Pflegende positiv gestalten?
- Hilft es, wenn ich meine Aktionen ankündige und begründe?
- Hilft es, wenn ein Vertrauensverhältnis besteht?

„Meine Freundin weiß ja, dass ich Schweißfüße habe und mein kleiner Zeh komisch aussieht, sie denkt deswegen nicht schlecht von mir."

Diskussion und Transfer
In Pflegeverhältnissen wirken sich folgende Faktoren positiv aus:
- **Transparenz**: ankündigen, erklären oder begründen
- **Beziehung:** professionelles oder vertrauensvolles Verhältnis
- **Möglichst identisches Vorgehen**: Wenn das Vorgehen in der Pflege immer gleich und bekannt ist, fällt es leichter Abweichungen festzustellen. Abweichungen, die nicht transparent und erklärbar sind, können zusammen mit anderen Faktoren wichtige Indizien in der Aufdeckung von Übergriffsgeschehen sein. Wichtig: Sie können, müssen aber nicht.

4.3 Umsetzung im Rollenspiel

Die im vorigen beschriebenen Situationen können sehr komplex sein. Um sich in ihnen adäquat zu behaupten, kann es notwendig sein sein, die Strategien zu wechseln und so unterschiedliche Strategien einzusetzen. Um dies zu üben, bieten sich als Methode Rollenspiele an.

In Kapitel 5 wird die Methodik der Rollenspiele erläutert, die übergreifenden Regeln werden beschrieben und eventuell auftretende Probleme ausgeführt. Dieses Kapitel ist die Grundlage für die Beschreibung des Rollenspiels beim Thema Berührungen.

Im Folgenden werden zuerst die möglichen Strategien ausführlich beschrieben und danach Situationen für die Rollenspiele vorgestellt. In der Situation des Rollenspiels kann die betreffende Teilnehmerin eine Auswahl aus den Strategien treffen, die sie für sich als sinnvoll erachtet und die für sie umsetzbar ist. Die Einscheidung ist immer individuell, da nicht jede Teilnehmerin alle Strategien für sich annehmen und verwenden kann. Beispielsweise wird sich ein Mädchen nicht mit einer Schlagtechnik verteidigen, wenn sie große Angst hat, andere zu verletzen.

4.3.1 Strategien und Abwehrhandlungen: personen- und situationsangemessen

Geeignete Strategien reichen von verbalen Abgrenzungen bis hin zu körperlichen Techniken. Jede sollte sich die Strategie aussuchen, die ihr geeignet erscheint, also situationsangemessen und beziehungsangemessen ist. Dem Onkel beispielsweise, der mich bei der Begrüßungsumarmung zu lange drückt, kann ich dies auch ganz freundlich sagen. Den Fremden, der mich im Bus begrabscht, kann ich anschreien oder ihm auf den Fuß treten.

Körperhaltung
Ich kann durch meine Körperhaltung signalisieren, dass ich kein leichtes Opfer bin. Dies ist eine präventive Maßnahmen, die man einfach immer einsetzen kann und die immer nützlich ist. Wenn ich mich beispielsweise mit meinem Kollegen im Praktikum nicht wohl fühle, wenn ich spüre, dass er mir bei seinen Erklärungen sehr nahe kommt, ist die entsprechende Körperhaltung eine passende Strategie. Sie zeigt nonverbal, also ohne dass ich es direkt formulieren und damit auch zu Diskussion stellen muss, dass er es mit mir nicht leicht haben wird.

Sicherheitsabstand
Bereits vor oder parallel zur verbalen Abgrenzung sollte der Sicherheitsabstand aufgebaut werden; das Mädchen sollte sich aus der Reichweite des Täters entfernen. Wenn dies während der Testphase erfolgen kann, ist dies wiederum ein Zeichen für den Täter, dass er sich kein leichtes Opfer ausgesucht hat.

Wenn also das Mädchen im Praktikum zu seinem Kollegen immer wieder den Abstand herstellt, der ihr angenehm ist, indem sie ausweicht oder den Abstand (wie in Kapitel 3 vorgeschlagen) korrigiert, zeigt sie schon auf dieser Ebene, dass er mit ihr keine leichtes Spiel haben wird. Sie weiß, wie sie sich verhalten muss, also Abstand zu halten, um die Grenzüberschreitung zu verhindern.

Wenn sie andererseits diesen Sicherheitsabstand nicht herstellen kann, weil sie festgehalten oder in eine Ecke gedrängt wird, ist dies eine größere Gefährdung. Das wiederum heißt, dass sie schneller auf Techniken zurückgreifen kann und muss, also sich effektiv und deutlich wehren muss, um sich noch befreien zu können und heil aus der Situation herauszukommen.

Nein sagen und Nein zeigen
Wenn ich Nein sage, sollte ich auch hier, in vielleicht noch harmlosen Situaionen die passende Gestik und Haltung beachten. Möglich sind Aussagen

wie: „Lass mich in Ruhe“, „Ich mag das nicht“, „Nein, ich will das nicht“, „Das ist unangenehm“ oder „Das gefällt mir nicht!“.
Nein sagen und Nein zeigen sind die Strategien, die als erstes eingesetzt werden sollten. Sie sind immer angemessen und angebracht. Wenn sie dazu führen, dass der Betreffende aufhört, ist alles gut und das Mädchen kann sich entfernen.
Hartnäckigkeit und Wiederholung bestimmen in übergriffigen Situationen von meiner Seite aus die verbale Auseinandersetzung. Wie bereits geübt, muss mir nicht ständig etwas Neues einfallen, sondern ich sage immer dasselbe, nämlich „Ich will das nicht“.

Anschreien
Anschreien und laut werden kommen zum Einsatz, wenn die vorhergehende Strategie nicht funktioniert hat. Sie stellen bereits eine erste Steigerung in der Abwehrhandlung dar. Der Täter wird kurz und laut angeschrien, nicht nur um die Abwehr deutlich zu machen, sondern auch, um andere Leute auf das Geschehen aufmerksam zu machen. Auch diese Strategie eignet sich für Bekannte und Fremde gleichermaßen.

Techniken wie Fußtritt oder auf die Finger klopfen
Schlag-, Tritt- oder Befreiungstechniken können ebenfalls eingesetzt werden. Sie stellen eine weitere Stufe in der Konfrontation dar. Sie dienen dazu, den Angreifer zu stoppen, ihn so zu beeinträchtigen, dass das Mädchen wegrennen, sich möglichst heil aus der Situation entfernen kann. Sie sind dann wichtig, wenn ein Mädchen keine anderen Möglichkeiten mehr sieht, um sich aus einer übergriffigen Situation zu befreien.

Eine Technik funktioniert über der Schmerz, den die Schlag-, Tritt- oder Befreiungstechnik bewirkt. Nur dann kann ein Mädchen entkommen. Dies sollte so diskutiert werden, da die Hemmschwelle, einer anderen Person Schmerz zuzufügen, meist höher ist.

Hilfe holen
Egal wie die Situation ausgeht, dies sollte immer erfolgen. Ein Mädchen sollte immer das, was ihr geschah, ihren Vertrauenspersonen erzählen. Zum einen sind vielleicht weitere Aktionen erforderlich, die besser von Erwachsenen durchgeführt werden, zum anderen müssen diese schwierigen Situationen verarbeitet werden. Dazu brauchen Mädchen Hilfe.

4.3.2 Einüben der Strategien im Rollenspiel[58]

Die Teilnehmerinnen werden in dem Rollenspiel mit unterschiedlichen übergriffigen Situationen konfrontiert. Sie können aus dem bekannten und geübten Spektrum an Abwehrhandlungen diejenigen auswählen, die sich am besten für die Situation und den betreffenden Angreifer eignen und die sie einsetzen können und wollen.

Die Teilnehmerinnen sollen den Einsatz dieser Strategien in Situationen zeigen, die die Abgrenzung gegenüber unerwünschten Berührungen in unterschiedlichen Kontexten thematisieren.

Zwei Vorgehensweisen lassen sich üben, einmal ohne und einmal mit Einsatz der physischen Technik.

- **Vorgehensweise beim Üben mit Rollenspielen: Unbekannter Täter und Schlagtechnik als mögliche Strategie**

Die Trainerin spielt immer den Angreifer. Eine Freiwillige darf das angegriffene Mädchen spielen. Die Stelle im Raum, an der das Rollenspiel stattfinden kann, wird bestimmt und die notwendigen Dinge werden aufgebaut, in diesem Fall zwei Stühle, um die Sitze im Bus darzustellen. Die anderen Mädchen setzen sich als Zuschauerinnen vor die Bühne.

Die Situation wird zuerst als **Geschichte** vorgestellt: **Busfahrt mit Grabscher.** Stellt euch vor, ein Mädchen sitzt im Bus und fährt nach Hause. Ein Unbekannter steigt ein und setzt sich auf den Platz neben sie, obwohl es noch einige andere freie Plätze im Bus gibt. Er lächelt sie freundlich an und sagt: „Kennen wir uns nicht? Ich fahre auch immer mit diesem Bus nach Hause." Dann legt er ihr die Hand auf den Oberschenkel und sagt: „Ich bin sicher, wir kennen uns. Du wohnst in der Straße über uns. Ich sehe dich immer, wenn du zum Bus gehst."

Ein **Zeichen** sollte den Beginn des Rollenspiels anzeigen. Beispielsweise können für dieses Signal bei jüngeren Mädchen alle Teilnehmerinnen, bei älteren Mädchen eine ausgewählte Teilnehmerin einmal laut in die Hände klatschen. Natürlich kann dafür auch ein anderes Instrument, soweit vorhanden, genutzt werden.

Dann steigen Trainerin und Teilnehmerin in das Rollenspiel ein. Die Trainerin setzt sich also neben das Mädchen und sagt die ähnlichen oder gleichen

[58] Ich gehe in Kapitel 5 Methodik Rollenspiele genauer auf die Entwicklung und Durchführung von Rollenspielen ein.

Worte wie in der Geschichte. Wie in der Geschichte beschrieben, legt die Trainerin ihre Hand auf den Oberschenkel des Mädchens. Spätestens dann sollte die **Reaktion** bzw. die **Abwehrhandlung** des Mädchen erfolgen. Idealerweise wählt sie dazu eine oder mehrere der im Vorfeld geübten **Strategien** aus. In diesem Fall sind folgende Strategien prinzipiell angebracht und wünschenswert:

1. Nein sagen
2. Auf die Finger klopfen
3. Weggehen
4. Zum Busfahrer gehen oder nach Hause gehen und von dem Übergriff berichten

Da in diesem Rollenspiel die Ausführung einer **Technik** erwartet wird, muss sich die Trainerin mit Handschützern aus dem Kampfsport versehen. So ist die Ausführung des Knöchelschlags „auf die Finger klopfen" kein Problem, die Hand der Trainerin ist gepolstert und geschützt. Die Mädchen sollten zum Schutz der Trainerin den Handschutz auch wirklich treffen.

Wenn sich die Teilnehmerin in sicherem Abstand von dem Angreifer, der Trainerin befindet, also weggegangen oder nach Hause gegangen ist, ist die Situation und das Rollenspiel beendet. Die Zuschauerinnen **klatschen**. Dann wird das Mädchen für ihre Auswahl der Strategien und ihre Abwehrhandlung **gelobt.** Als Trainerin erkläre ich die Vorteile der ausgewählten Strategie und zeige die positiven Konsequenzen auf.

Wenn eine Schlag- oder Tritttechnik geübt werden soll, empfiehlt es sich, einen Täter vorzustellen, der unbekannt ist. Ein Mädchen hat dann weniger Hemmungen, eine solche Technik einzusetzen. Dies entspricht nicht der Realität, ist aber übungstechnisch zu beachten.

Diskussion

- Schlaghemmungen: Würde ein Mädchen sich trauen, jemandem Schmerzen zuzufügen? Wann wäre dies möglich?
- Bestehen Hemmungen, sich in der Öffentlichkeit unüblich zu benehmen und dadurch aufzufallen?

■ Vorgehensweise beim Üben mit Rollenspielen: Geschichte mit bekanntem Täter und ohne Schlagtechnik

Diese Geschichte thematisiert den sogenannten bekannten Täter: **Der übergriffige Klavierlehrer.**

Ein Mädchen geht regelmäßig zum Klavierunterricht. Eines Tages beginnt der Klavierlehrer, ihr von seiner Frau und seiner unglücklichen Ehe zu erzählen, wie wenig seine Frau ihn verstehen würde und wie einsam er doch sei. Er rückt während des Unterrichtes auf der gemeinsamen Klavierbank immer näher. Dann legt er den Arm um sie und versucht sogar, sie zu küssen.

Bei diesem Rollenspiel muss die Trainerin darauf achten, dass sie dem Mädchen nicht zu nahe rückt. In Rollenspielen, die Situationen mit Grabschern thematisieren, muss ich das mitspielende Mädchen genau beobachten. Meist sind Berührungen wie eine Hand auf dem Oberschenkel im definierten Rahmen eines Rollenspiels in Ordnung. Wenn ich merke, dass das Mädchen nervös wird, sage ich, was ich machen würde, führe es aber nicht aus. Dann warte ich auf die Reaktion von ihr. Alles, was über die Hand auf dem Oberschenkel hinaus geht, deute ich nur an oder tue so, als ob. Ich führe es nicht aus. Ansonsten wäre dies ein Übergriff von mir als Trainerin.

In diesem Fall sind folgende Strategien prinzipiell angebracht und wünschenswert:

1. Abstand aufbauen
2. Nein sagen
3. Hartnäckig Nein sagen
4. Eventuell Lüge oder Ausrede, um das Weggehen zu ermöglichen
5. Laut anschreien
6. Weggehen
7. Nach Hause gehen und von dem Übergriff berichten

In der Diskussion sollte die Argumentation des Täters, deren Funktion und ihre Fragwürdigkeit herausgearbeitet werden. Der Täter versucht, sich als Opfer darzustellen, die Hilfsbereitschaft des Mädchens auszunutzen und das Mädchen zur Befriedigung seiner Bedürfnisse zu nötigen.

Auswahl der Rollenspiele

In die den Rollenspielen zugrundeliegenden Geschichten können explizite, aus der Täterforschung bekannte Täterstrategien miteinbezogen werden. So werden die Informationen aus der Diskussion durch Beispiele konkretisiert und veranschaulicht. Außerdem kann über die unterschiedlichen Beispiele verdeutlicht werden, wie absichtsvoll und bewusst das ganze Geschehen vom Täter inszeniert wird.

Die Geschichten müssen altersangemessen eingesetzt werden. Sie dürfen keine Angst auslösen, und kein Mädchen sollte überfordert werden. Es ist sicherer, sich in der Gruppe der jeweiligen Teilnehmerinnen an den jüngeren Mädchen (altersmäßig und kognitiv) zu orientieren.

Mögliche Situationen – Rollenspielvorschläge:

- Klasse geht gemeinsam ins Freibad. Ein Mitschüler bietet dem Mädchen an, es einzucremen.
- Tatschen im Praktikum: Mädchen wird im Praktikum von einem Kollegen bei der Arbeit am PC betatscht.
- Tatschen im Praktikum: Mädchen wird im Praktikum von einem Mitarbeiter beim Einräumen der Regale belästigt.
- Belästigung im Kino oder im Bus: Mädchen wird belästigt.
- Betreuerin gibt Mädchen einen nett gemeinten Klaps auf die Schulter, dem Mädchen tut der Klaps weh.
- Tante möchte gerne einen Begrüßungskuss haben.
- Onkel möchte für sein Geschenk einen Dankeschön-Kuss haben.
- Mädchen steht in der Schlange und wird von hinten betatscht.
- Junge bietet Mädchen Geld, wenn sie ihm ihre Brust zeigt.
- Flaschendrehen: Gruppe von Jungs und Mädchen spielen Flaschendrehen und ein Mädchen soll einen Jungen küssen.
- Nach gemeinsam besuchtem Fest fragt ein junger Erwachsener, ob er bei dem Mädchen übernachten darf, die alleine in der Wohnung ist.

Material

In der Literaturliste sind Bücher aufgeführt, die das Thema veranschaulichen und die mit den Teilnehmerinnen angeschaut und besprochen werden können.

4.4 Geheimnisse und Hilfe holen

4.4.1 Vorüberlegungen

Der Themenkomplex Geheimnisse, Geheimhaltungsdruck und Hilfe holen ist aus folgendem Grund in der Selbstverteidigung und Selbstbehauptung relevant:

- Täter aus dem Bereich der Sexualstraftaten (sexueller Missbrauch) arbeiten mit dem Druck zu Geheimhaltung, sie lassen sich die Geheimhaltung versprechen oder erzwingen sie mit Drohungen („Du willst doch nicht, dass der Onkel ins Gefängnis kommt!" oder „Wenn du es jemandem erzählst, passiert deiner Mutter etwas ganz Schlimmes!")
- Täter bemühen sich, Mädchen und Kinder sozial zu isolieren, damit diese keine Vertrauenspersonen haben, die sie gegebenenfalls ansprechen könnten.
- Statistiken besagen, dass Mädchen, die von sexuellem Missbrauch betroffen sind, mehrere Personen ansprechen, bevor die erste Person ihnen glaubt und sie Unterstützung bekommen.
- Die Strategie, sich Hilfe zu holen und sich Menschen, denen Vertrauen entgegengebracht wird, zu öffnen, kann bereits vorher thematisiert und geübt werden. Wenn die Strategie bewusst gemacht und eingeübt wurde, ist sie als Vorgehensweise vorstellbar und abrufbar und damit auch im Notfall verfügbar.

4.4.2 Zugang über Übungen

Gute und schlechte Geheimnisse

Der Zugang zum Thema sexueller Missbrauch findet über die Übungen zu Geheimnissen und Hilfe holen statt. Über die Übungen und Diskussionen können Betroffene, aber auch deren Freundinnen und Vertraute Möglichkeiten finden, um Auswege zu eröffnen.

Diese Themen können vor allem mit Rollenspielen bearbeitet werden. Im Rollenspiel wird das Erleben einer Erpressung oder einer Überraschung verbalisiert oder gespielt und die Strategie Hilfe holen gegebenenfalls bei der Erpressung direkt angebunden. Es hat sich als sinnvoll erwiesen, Geheimnisse vor dem Hintergrund sexuellen Missbrauchs folgendermaßen zu differenzieren:

- Gute Geheimnis sind Überraschungen oder insgesamt positive Dinge, die einer anderen Person anvertraut werden. Sie sind angenehm und verursachen kein Unbehagen. Überraschungen haben ein Ende, sie werden aufgelöst und sind dann kein Geheimnis mehr. Daher müssen sie auch nicht vorzeitig verraten werden.

- Schlechte Geheimnisse sind Geheimnisse, die aufgezwungen werden. Etwas hat stattgefunden, das sich nicht gut anfühlt und worüber die Betreffende nicht reden darf. Vielleicht muss ein Übergriff geheimgehalten werden oder die Betreffende ist Opfer einer Erpressung. Der Übergriff und der Zwang zu Geheimhaltung verursachen Unbehagen. Bei jüngeren Mädchen kann dies mit dem Begriff „Bauchschmerzen" veranschaulicht und mit ihrer Lebenswelt verknüpft werden. Diese Geheimnisse haben kein natürliches Ende, sie werden nicht aufgedeckt, stattdessen wird die Belastung größer.

Einführung des Themas bei jüngeren Mädchen und Mädchen mit Behinderungen

Wenn dieses Thema besprochen wird, sollte in der anfänglichen Fragerunde die Frage beantwortet worden sein: „Wer ist deine Vertraute oder dein Vertrauter? Mit wem könntest du ein Problem besprechen?" Auf diese Antwort kann sich die Kursleiterin im Folgenden immer wieder beziehen.

Belastende Geheimnisse sind das Problem. Die Lösungsstrategie ist, sich Hilfe zu holen. Im Fall von sexuellem Missbrauch wie auch Fällen von Erpressung ist die wirksamste Strategie, sich Menschen anzuvertrauen, mit denen zusammen die Situation gelöst werden kann oder die die Betreffende dabei unterstützen, sich aus der Situation zu lösen. Daher liegt der Schwerpunkt darauf zu erkennen, wann solch eine Situation gegeben ist und welche Person vertrauenswürdig ist.

■ Übung: Geheimnisse beurteilen – Situationen erkennen

Die Kursleiterin liest verschiedene Geschichten vor, die Geheimnisse thematisieren.
Beispielsweise:

- Mädchen erzählt ihrer Freundin, in wen sie verliebt ist und bittet darum, dass die Freundin nichts weitererzählt.
- Mädchen wird von ihrem Reitlehrer eingeladen, Extrastunden mit ihm allein zu nehmen, als Vorbereitung für ein Turnier. Dabei kommt er ihr zu nahe und wird zudringlich. Wenn sie darüber re-

det, gibt es keine Extrastunden mehr und auch keine Teilnahme am Turnier.
- Mädchen will Geld von ihrer Mitschülern, sonst würde sie dem Bruder der Mitschülerin erzählen, dass die Mitschülerin im Sportunterricht immer ihr Kopftuch ablegt.

Die Mädchen beurteilen die Situation und bewerten, ob das damit verbundene Geheimnis ihrer Ansicht nach unangenehm und belastend ist oder ob es ein schönes Geheimnis und eine Überraschung ist, und wem sie davon erzählen würden. Hier sollte die Bedeutung der Ansprechpartnerin oder Vertrauensperson betont werden. Meist zählt das Argument, dass derartige Geheimnisse zu schwer für ein Kind oder ein Mädchen sind und sie daher jedes Recht haben, sich Unterstützung zu holen.

Mit Hilfe der Geschichten können unterschiedliche Szenarien diskutiert werden. Die Vielfältigkeit der Situationen kann ermöglichen, dass gegebenenfalls der Transfer zur eigenen Lage hergestellt wird.

Variante
Die Beurteilung kann durch farbige Kärtchen oder Smileys unterstützt werden. Die Teilnehmerinnen haben die Kärtchen (beispielsweise in Rot, Gelb und Grün) oder Smileys (beispielsweise mit lächelndem, grimmigem oder fragendem Gesicht) zur Verfügung. Vorteil der symbolhaften Darstellung ist, dass auch Mädchen ihre Einschätzung zeigen können, die sprachlich eingeschränkter sind.

■ Übung: Geheimnisse beurteilen – Situationen erkennen – Hilfe suchen
Das Thema Geheimnisse kann ebenfalls über folgende Demonstration eingeführt werden. Mädchen mit Behinderungen sind erfahrungsgemäß sehr interessiert daran. Die Vorführung bewirkt meist eine positive Grundstimmung trotz des an sich belastenden Themas. Die Demonstration setzt allerdings voraus, dass eine Lehrkraft oder eine Co-Trainerin teilnimmt.

Material (optional): zwei identische Dosen oder Behältnisse. Identische Dosen veranschaulichen den Überraschungsfaktor, da sie unterschiedlich bestückt sind. Süßigkeiten und Steine: Sie können die Funktionsweise und die Wirkungsweise der Geheimhaltung veranschaulichen.

Vorspielen
1. Situation: Gutes Geheimnis
Die Trainerin spielt Maria, die Co-Trainerin die Vertrauenslehrerin. Maria kommt zu ihrer Vertrauenslehrerin und erzählt, sie hätte ein Geschenk für ihre Freundin gekauft, diese hätte am nächsten Tag Geburtstag. Sie zeigt ihr das Geschenk. Es sind Süßigkeiten. Die Co-Trainerin als Vertrauenslehrerin

kann den Begriff des guten Geheimnisses einführen. Sie formuliert: „Das ist ein schöne Überraschung für deine Freundin. Eigentlich ist das jetzt ein richtig gutes Geheimnis." Zusätzlich kann sie positiv verstärken, dass ihr das Geheimnis anvertraut wurde. „Ich freue mich, dass du mir das erzählt hast. Es ist ein sehr schönes Geschenk."

Variante optional (Erleben auf mehreren Ebenen)
Um das gute Geheimnis nachhaltiger in der Erinnerung zu verankern, kann die Trainerin Süßigkeiten mitbringen. Nach der Demonstration bietet es sich an, dass jedes der Mädchen aus der Dose eine Süßigkeit erhält. Begründung: Das ist ein Symbol für ein gutes Geheimnis. So schmeckt und fühlt sich ein gutes Geheimnis an. Sind Mädchen im Kurs, die unter Nahrungsmittelallergien leiden, entfällt diese Variante.

2. Situation: Schlechtes Geheimnis
Maria kommt zur Vertrauenslehrerin und erweckt einen recht gedrückten Eindruck. Die Vertrauenslehrerin fragt nach, was los sei. Maria antwortet, ein Junge würde auf dem Heimweg Geld von ihr fordern und drohen, sie zu verprügeln und ihre Katze umzubringen. Hier kann unterbrochen werden. Die Trainerin als Maria kann für die Zuschauerinnen ihre Gefühle verbalisieren: „Es geht mir schlecht." „Das liegt mir im Magen, ich kann nicht mehr essen." „Ich kann nicht gut schlafen." „Ich habe Angst."

Auch hier kann die Co-Trainerin als Vertrauenslehrerin die Bezeichnung des schlechten Geheimnisses einführen. „Ich finde, das hört sich nicht gut an. Das ist kein gutes, das ist ein schlechtes Geheimnis." Es ist hier besonders wichtig, dass die Vertrauenslehrerin betont, wie gut es ist, dass sich Maria Hilfe gesucht hat. „Es ist gut, dass du es mir erzählt hast. Solch ein Geheimnis muss du nicht für dich behalten. Im Gegenteil, solch ein Geheimnis muss du erzählen." „Gut, dass du es mir erzählt hast." Im Rollenspiel beendet die Vertrauenslehrerin das Spiel mit der Ansage: „Ich werde mich darum kümmern."

Variante optional (Erleben auf mehreren Ebenen)
Um den Umgang mit dem schlechten Geheimnis zu verankern, kann die Trainerin Steine mitbringen. Nach der Demonstration darf sich jedes Mädchen aus der Dose einen Stein aussuchen. Der Umgang damit ist folgender: Der Stein erinnert daran, dass ein Geheimnis zu schwer für eine Person, vor allem für ein Kind oder eine Jugendliche ist. Daher kann sie ihn an eine andere Person, an eine Vertrauensperson weitergeben. Diese sollte bei Mädchen eine erwachsene Person sein. Sie ist dafür zuständig das Problem zu lösen, nicht das Mädchen.

In den folgenden Rollenspielen kann der Stein als Symbol für die Strategie eingesetzt werden. Das spielende Mädchen kann ihren Stein der Vertrauensperson überreichen und damit den Wunsch nach Unterstützung zeigen. Stein und Süßigkeit dienen dazu, die Funktionsweise und die Wirkungsweise der Geheimhaltung, allem voran des schlechten Geheimnisses zu veranschaulichen. Sie sind kein Selbstzweck und kein Muss.

4.4.3 Umsetzung in Diskussion und Rollenspiel

Diskussionsleitfaden
In der Diskussion sollten folgende Sachverhalte geklärt werden:

- **Erkenntnis der Auswirkung**: Das Geheimnis liegt schwer im Magen, verursacht Unbehagen oder Bauchweh, löst sich nicht von selbst und wird vielleicht immer schwerer oder schlimmer.
- **Lösung**: Damit das Geheimnis aufgelöst bzw. das Problem gelöst werden kann, muss sich die Betroffene Hilfe holen, sie muss den Stein weitergeben, an Erwachsene oder BetreuerInnen, die das regeln können.
- **Das ist kein Petzen**: Eine Betroffene soll ein belastendes Geschehen nicht für sich behalten, sondern jemandem erzählen. Dies ist kein Petzen, sondern Hilfe holen. Hilfe, die notwendig ist, da die Situation allein nicht zu lösen ist. Zur Abgrenzung: Petzen ist, wenn Sachverhalte, die einem anderen peinlich sind, verraten werden. Vor allem bei jüngeren Mädchen ist diese Abgrenzung notwendig.
- **Realisierung: Es ist in Ordnung, sich Hilfe zu holen:** Nicht jedes Problem kann allein gelöst werden. Dies kann auch am Beispiel von Freundinnen besprochen und aufgezeigt werden: Mit einer Freundin zusammen ist man zu zweit und damit viel stärker als eine allein.
- **Unterschiedliche Gewichtung**: Der Stein, der weitergegeben wurde, muss für die andere Person nicht schwer sein. Sie kann eventuell besser mit der Situation umgehen und daher auch den Stein nehmen. Eine Teilnehmerin lehnte den Vorschlag, Stein und Problem weiterzugeben, mit der Begründung „Die will den doch auch nicht" ab. Vielleicht ist das so, aber Fachkräfte können besser damit umgehen, denn sie sind dafür ausgebildet.
- **Die Chance zur Intervention**: Erwachsene können manchmal schwierige Situationen lösen, und sie sollten auch die Chance dazu erhalten, indem sie eingebunden werden[59].

---

[59] Beispiel von Maria im Bus, die belästigt und beleidigt wurde, aber ihren Lehrerinnen, die unweit von ihr saßen, nichts davon sagte. Gegenbeispiel von Betreuerin und Marius, in dem Marius von jungen Männern im Freibad übel angemacht wurde und die Betreuerin, die direkt davon erfuhr, diese erfreulicherweise zu einer Entschuldigung bei Marius nötigen konnte.

- **Notlüge**: Eine Notlüge ist eine Aussage oder ein Versprechen in einer Notsituation. Sie ist damit eine Aussage oder ein Versprechen, das erzwungen wurde und deswegen nicht eingehalten werden muss. So wird sie gewissermaßen zur Lüge. Wenn sich das Mädchen an ihr Versprechen, dass sie niemandem was davon erzählt, nicht hält, hat sie nicht gelogen, sondern es war eine Notlüge, die damit in Ordnung ist.
- **Geschehenes in Worte fassen können:** „Da hat mich einer an der Brust berührt" statt „Der hat mich geärgert". Es empfiehlt sich, das Thema Berührungen vorher zu behandeln, denn dann sind die Benennungen beispielsweise für den Intimbereich schon bekannt und die Teilnehmerinnen können, wenn dies notwendig ist, darauf zurückgreifen.
- **Positive Bewertung:** Dass sich ein Mädchen Hilfe holt, muss in der Diskussion sehr positiv herausgestellt werden. Es ist ein mutiger Akt und muss so bewertet werden.
- **Funktion der Freundinnen:** Da es sein kann, dass sich Mädchen auch Freundinnen anvertrauen, sollte in der Diskussion altersgerecht darauf eingegangen werden, was ein Mädchen als Freundin in diesem Fall tun kann. Das ist eigentlich immer gleich: Sie muss sich selbst Hilfe holen und sich Erwachsenen anvertrauen. Dafür müsste sie dann auf ihre eigene Vertrauensperson zugehen.
- **Eigenes Fehlverhalten:** Auch eigenes Fehlverhalten räumt anderen kein Recht ein, daraus einen Vorteil zu ziehen. Aber wenn dies in der Diskussion angesprochen wird, wird deutlich, in welcher Ambivalenz eine Betroffene sich befindet und wie dies die Eindeutigkeit einer Entscheidung verändert. Obwohl beispielsweise ein Mädchen beim Rauchen ertappt wurde, rechtfertigt dies nicht, dass sich der Mitschüler sein Schweigen mit Zärtlichkeiten bezahlen lässt.

Zur Durchführung der Rollenspiele[60]

Die Durchführung des Rollenspiels gestaltet sich ähnlich wie in der Demonstration. Allerdings muss das Problem, das das Mädchen im Rollenspiel zum Schweigen verpflichtet, für sie nachvollziehbar sein. Auch sollte sich die Notwendigkeit, sich an eine Vertraute zu wenden, aus der Situation heraus deutlich ergeben. Das Schwierige daran ist, die Übergriffsituation

[60] Wie schon erwähnt, wird in Kapitel 5 wird die Methodik der Rollenspiele erläutert, die übergreifenden Regeln und eventuell auftretende Probleme werden beschrieben und ausgeführt. Dieses Kapitel sollte vor dem Einsatz von Rollenspielen im Kurs beachtet werden.

so anzudeuten, dass sie von den Mädchen erfasst wird, ohne dabei selbst übergriffig zu werden.

Je nach Alter und Entwicklungsstand der Teilnehmerinnen können die Sachverhalte differenzierter gestaltet und ausführlicher formuliert werden werden. Dies hängt von der Gruppe und ihrer Zusammensetzung ab. Am besten ist es, die Beschreibungen am Anfang auf das Notwendiges zu beschränken und während des Rollenspiels die Reaktionen zu beobachten. Wenn die Mädchen interessiert und nicht eingeschüchtert reagieren, können die Geschichten detaillierter erzählt werden.

Struktur des Ablaufs

Situationsbeschreibung
Die Trainerin führt das Rollenspiel mit der kurzen Situationsbeschreibung ein. Beispiel: Mitschüler ertappt ein Mädchen beim Rauchen. Er weiß, dass ihre Eltern das nicht wollen. Er verlangt Zärtlichkeiten für sein Schweigen. Das Mädchen ist beim ersten Mal darauf eingegangen. Jetzt verlangt der Junge, dass sie sich dazu treffen und will das Treffen fest vereinbaren.

Schauspielende
Die Trainerin spielt den Jungen (sozusagen den Täter) namens Marco, eine Teilnehmerin das Mädchen. Sie nennt ihrerseits die Vertraute, an die sie sich in der Realität wenden würde. Die Co-Trainerin spielt entweder diese Vertraute oder, wenn der Kurs in einer Schule oder Einrichtung stattfindet, eine Sozialarbeiterin oder Zuständige in einer vergleichbaren offiziellen Position, wie beispielsweise eine Vertrauenslehrerin.

Rollenspiel
Marco nennt die Forderung. Sie muss den Teilnehmerinnen entsprechend formuliert werden. Drohungen sollten nur vorsichtig geäußert werden. Sie sollten kein Ängste auslösen, sondern das Dilemma veranschaulichen. Angst scheint eher handlungsunfähig zu machen. Auch bei den Rollenspielen stehen die Lösungen und die Handlungsmöglichkeiten der Mädchen im Vordergrund.

Marco: „Du weißt ja, du hast geraucht. Deswegen musst du dich mit mir treffen. Du darfst es niemandem erzählen." Die Teilnehmerin setzt ihre Strategien ein. Dabei kann sie aus den Strategien, die geübt wurden, auswählen. In diesem Zusammenhang ist allerdings die Strategie, sich einer Vertrauensperson anzuvertrauen, am wichtigsten, daher gehört sie zwingend dazu.

Hier sind folgende Strategien angebracht und wünschenswert:

1. Abstand aufbauen
2. Nein sagen (wenn möglich)
3. Notlüge oder Ausrede, um das Weggehen zu ermöglichen
4. Weggehen
5. Vertrauensperson aufsuchen
6. Der Vertrauensperson von dem Übergriff berichten

Im Rollenspiel geht das Mädchen aktiv zu ihrer Vertrauensperson und erzählt ihr von dem Vorfall. Wie auch im vorhergehenden Kapitel zu Berührungen ist es gut, wenn das Mädchen im Rollenspiel das Problem, in diesem Fall die Erpressung so deutlich wie möglich kommuniziert. Dies gelingt nicht immer. Die Vertrauensperson sollte daher darauf vorbereitet sein, sensibel nachzufragen.
Auf den Bericht des Mädchens im Rollenspiel antwortet die Co-Trainerin als Vertrauensperson sinngemäß: „Gut, dass du es mir erzählt hast. Ich werde mich darum kümmern." Wenn der Stein als Symbol eingeführt wurde, kann das Mädchen der Vertrauten auch den Stein geben, worauf diese ebenfalls reagieren wird.

4.4.4 Vorschläge zu Rollenspielen

Rollenspielsituationen

- Geburtstags-, Weihnachtsgeschenke von anderen Personen kennen.
- Die beste Freundin liest aus einen Tagebucheintrag vor.
- Die beste Freundin erzählt, in wen sie verliebt ist.
- Ein Mädchen erzählt ihrer Freundin, wen sie von ihren Freunden geküsst hat.
- Erwachsener lädt Mädchen zu Cabrioausfahrt und Baden gehen ein, sie soll Badezeug mitbringen und niemandem davon erzählen.
- Mitschüler ertappt Mädchen beim Schule schwänzen. Er verlangt Geld.
- Mitschüler ertappt Mädchen beim Klauen. Er verlangt Zärtlichkeiten bzw. Nacktbilder.
- Bruder / Cousin will Mädchen beim Duschen zusehen. Sie darf niemandem davon erzählen.
- Nebensitzer begrabscht Mädchen regelmäßig im Schulbus.
- Freundin erzählt, dass Junge sie beim Rauchen begrabscht.
- Mädchen ist beim Schulausflug in Toilette, zwei ältere Mädchen sind auch da, kämmen sich und machen sich total über sie lustig (zu dick, Hautfarbe, Kopftuch).
- Mädchen will Geld von ihr, sonst erzählt sie Bruder, dass sie mit Freunden weggegangen ist.

- Mädchen erfährt von Freundin, dass diese sich mit einer Chatbekanntschaft am Wochenende treffen will, wenn die Eltern nicht zu Hause sind. Freundin soll nichts verraten.

4.4.5 Informationen für den Umgang mit Betroffenen

Wenn Fachkräfte als Vertrauensperson ausgewählt wurden, ist für den Umgang mit dem Mädchen oder dem Kind, die von sexualisierter Gewalt betroffen ist, Folgendes wichtig:

- Wenn sich Mädchen oder Kinder öffnen, sollte ihnen gezeigt werden, dass ihnen geglaubt wird. Keine Zweifel sollten ihnen gegenüber geäußert werden. Wenn trotz der oben genannten Ausführungen zu Falschaussagen Zweifel gehegt werden, sollten diese an anderer Stelle geklärt werden, aber nicht durch bohrendes, zweifelndes Nachfragen beim Kind.

- Es dürfen keine Schuldzuweisungen erfolgen, denn meist arbeiten Täter damit. Sie beschuldigen das Mädchen oder Kind, durch ihr Aussehen oder Verhalten verantwortlich oder mitverantwortlich für das Tun des Täters zu sein („Du siehst einfach so nett aus, da kann ich nicht anders“).
  Häufig fühlen sich Betroffene dadurch ohnehin schon selbst mitverantwortlich. Das sollte auf keinen Fall unterstützt werden. Wünschenswert ist eine Aussage wie „Du weißt, dass du nichts dafür kannst!“ Wir packen dies plakativ (und zugegebenermaßen vereinfachend) in den Satz: „Ein Mädchen ist nie schuld.“

- Auch Fragen sollten daher sehr vorsichtig erfolgen, um dem oder der Betreffenden nicht den Eindruck zu vermitteln, man würde sie als Mitschuldige ansehen.

- Für die Bitte um Hilfe oder das Berichten des Übergriffs sollte die Vertrauensperson das Kind loben. Sie kann durchaus betonen, wie schwierig es ist, darüber zu reden und wie mutig das Kind ist, dies alles zu erzählen.

- Wichtig ist, die Wortwahl der Mädchen zu beachten. Sowohl im Rollenspiel als auch bei Erfahrungsberichten kann es vorkommen, dass die Mädchen einen Übergriff nicht direkt benennen. Sie formulieren eher „Der hat mich geärgert“ als „Er hat mich betatscht.“. Bei solchen Formulierungen kann vorsichtig nachgefragt werden, ob es sich nicht vielleicht doch um einen Übergriff handelt.

- Es gilt, dass kein Schweigeversprechen abgeben werden sollte. Versprechen sollten eher in die Richtung gehen, dass die Vertrauensperson alles, was sie unternimmt, immer mit der Betroffenen abspricht.

4.5 Opferklau und Helfen

4.5.1 Opferklau[61]

Opferklau ist ein Vorgehen, das eingesetzt werden kann, wenn eine andere Person beschimpft, belästigt oder bedroht wird und eine Intervention notwendig ist. Dieses Vorgehen soll ermöglichen, dass jemand erfolgreich eingreifen kann und sicherstellt, dass sich der Angriff nicht gegen ihn/sie selbst kehrt und er/sie zum Opfer wird.

Opferklau

Da es sich hier um Selbstbehauptung für Frauen und Mädchen handelt, stelle ich Situationen dar, in denen Frauen und Mädchen zum Opfer werden. Die Realität ist natürlich anders, auch Jungen und Männer werden Opfer, junge Männer zu einem überaus hohen Prozentsatz.[62] Das Vorgehen beim Eingreifen ist ähnlich und unabhängig vom Geschlecht des Opfers.

---

61 Der Begriff Opferklau stammt nicht von mir. Ich habe ihn ursprünglich einem Zeitungsartikel entnommen. Der Begriff war allerdings so griffig und passend, dass er für diese Übung geblieben ist. Den Namensgeber konnte ich nicht mehr herausfinden.

62 Siehe Bundesministerium für Familie, Senioren, Frauen und Jugend (Hrsg.): Gewalt gegen Männer: Personale Gewaltwiderfahrnisse von Männern in Deutschland – Ergebnisse der Pilotstudie. Forschungsverbund „Gewalt gegen Männer", Berlin; 2004.
Bundesministerium für Arbeit und Soziales (Hrsg.): Lebenssituation und Belastung von Männern mit Behinderungen und Beeinträchtigungen in Deutschland – Haushaltsbefragung – Abschlussbericht. Studie im Auftrag des Bundesministerium für Arbeit und Soziales, aktualisierte Fassung 2013.

Wenn ich mich einmische, dann nach folgenden Prinzipien: Die direkte Konfrontation mit dem Belästigenden oder Angreifer soll vermieden werden. Das Opfer in der Auseinandersetzung (die Frau oder das Mädchen) wird angesprochen und aufgefordert, gemeinsam wegzugehen. Dies sollte so schnell gehen, dass der Angreifer nicht reagieren kann, während beide sich entfernen können. Ziel ist es, in eine sichere Umgebung zu kommen.

Im Kontext der Selbstbehauptung ist dieses Thema aus einem weiteren Grund angebracht: Hier treten Frauen und Mädchen als sich gegenseitig helfende und unterstützende Akteurinnen auf. Sie sind nicht diejenigen, denen geholfen wird, sondern sie sind diejenigen, die anderen helfen. Sie sind dazu in der Lage und dabei erfolgreich.

In den folgenden Übungen können die Teilnehmerinnen Gemeinsamkeiten untereinander entdecken und darüber Beziehungen oder Bezüge zueinander herstellen. „Die Nicole hat auch einen Hund“ oder „Mara hasst auch die Beleuchtung in Umkleidekabinen“. Die Teilnehmerinnen nehmen die Gemeinsamkeiten wahr und können sich im Kurs darauf aufbauend als solidarisch Handelnde und aktiv unterstützende Freundinnen erleben. Wenn diese Übungen eingesetzt werden, sollte in der Fragerunde vorher die Frage nach den Freundinnen beantwortet worden sein.

■ Übung: Andocken

Alle Teilnehmerinnen teilen sich in Zweiergruppen auf. Eine Teilnehmerin oder die Trainerin ist überzählig und allein. Die Partnerinnen hängen sich ein oder gehen eng nebeneinander. Sie spazieren als Zweiergruppe im Raum umher. Sie können dafür den gesamten Raum nutzen. Die Teilnehmerin, die allein ist, bewegt sich ebenfalls im Raum. Sie darf sich nach einer kleinen Wartepause einer Gruppe anschließen. Sie hakt sich dazu bei einer Frau einer Zweiergruppe unter. Dies ist das Signal für die andere Partnerin in der Zweiergruppe, diese zu verlassen und allein weiterzugehen. So wird regelmäßig gewechselt.

■ Übung: Gemeinsamkeiten entdecken[63]

Im Raum werden drei Treffpunkte bestimmt. Die Teilnehmerinnen ordnen sich je nach Thema einem der Treffpunkte zu und sehen so ihre Gemeinsamkeiten. Die Trainerin kann ebenfalls für einen Treffpunkt stehen.

---

63 Diese Übung stammt im Wesentlichen von meiner Kollegin Borghild Strähle. Sie brachte die Übung in unseren Übungskanon ein.

Beispiel: Alle mit roten Kleidungsstücken treffen sich am Treffpunkt A. Alle mit blauen Kleidungsstücken am Treffpunkt B, alle mit schwarzen Kleidungsstücken treffen sich bei der Trainerin, da sie eine schwarze Jeans trägt. Es gibt auch einen Treffpunkt für diejenigen, die sich keinem der Vorschläge zugehörig fühlen. Alle ordnen sich dem Treffpunkt zu, der für sie passt. Dann darf jede kurz dazu über sich erzählen.

Beispiele:

- Gemeinsamkeit nach **sichtbaren** Kleidungsstücken.
- Gemeinsamkeit nach **nicht-sichtbaren** Kleidungsstücken: Trägt Gürtel, trägt keinen Gürtel.
- Gemeinsamkeit nach **Gewohnheiten**: steht gerne früh auf, schläft gerne lang, wechselt zwischen Ausschlafen und früh Aufstehen.
- Gemeinsamkeit nach **Vorlieben:** geht gerne ins Kino, schaut lieber Serien zu Hause, schaut lieber Fernsehen, hört lieber Musik.
- Gemeinsamkeit nach **Lebenswelt**: lebt bei den Eltern, lebt in einer Wohngruppe, lebt in einem Wohnheim, lebt mit Partner oder Partnerin zusammen, hat Haustiere.
- Gemeinsamkeit nach **Familie**: hat keine Geschwister, hat Geschwister, hat mehr als drei Geschwister.

4.5.2 Opferklau

Die Strategie Opferklau ist denkbar, wenn die Situation und das Risiko überschaubar sind. Sie ist nicht geeignet für Tätlichkeiten oder Auseinandersetzungen, in denen die Gegner bereits körperliche Gewalt einsetzen. In diesem Fall ist Nothilfe angesagt, auf die ich weiter unten kurz eingehe.

Vor den entsprechenden Übungen beschreibe ich die strategische Seite dieser Vorgehensweise. Wenn ich dieses Vorgehen wähle, um einer betroffenen Frau zu helfen, müssen ein paar Prinzipien beachtet werden.

Strategische Vorgehensweise:

1. Ich nähere mich der angegriffenen Person von der Seite, die dem Belästigenden oder Angreifer abgewandt ist. Ich halte mindestens den Sicherheitsabstand zu dem Angreifer ein. Kein Körperkontakt. Auch kein Wegschieben oder Anrempeln des Angreifers.

2. Ich rede nicht mit dem Angreifer und gehe nicht auf das ein, was er zu mir sagt. Ich reagiere nicht auf seine Beleidigungen oder Provokationen und diskutiere auch nicht mit ihm. Dadurch vermeide ich, dass ich mich in die

Auseinandersetzung hineinziehen lasse. Ich rede nur mit der angegriffenen Person und versuche, den Angreifer und dessen Aussagen zu ignorieren. Trotzdem nehme ich ihn wahr, um gegebenenfalls rechtzeitig auf Angriffe gegen mich reagieren zu können.

3. Ich halte auch von derjenigen, der ich helfen will, ein wenig Abstand. Es könnte trotz allem sein, dass sie sich gegen mich wendet. Wenn ich die Person nicht kenne, kann ich nachfragen „Brauchen Sie Hilfe?" oder „Kann ich Ihnen helfen?". Wenn meine Wahrnehmung falsch war, kann sie mir das signalisieren „Nein danke!" und ich kann beruhigt weitergehen.

Wenn ich die Person allerdings kenne und wahrnehme, dass sie das nicht will, kann ich eher in ihre Nähe kommen. Auch hier kann ich fragen: „Soll ich helfen?" Wenn die Betreffende vor Schreck oder Stress erstarrt ist, kann ich sie auch berühren, um sie über den taktilen Reiz in die Bewegung zu bringen und dann zusammen mit ihr weggehen.

4. Ich gebe klare und deutliche, hörbare Anweisungen an das Opfer. „Wir gehen jetzt gemeinsam auf die andere Straßenseite."

5. Wenn die betreffende Person meine Hilfe nicht braucht oder nicht will, gehe ich weiter. Allerdings bewerte ich das nicht negativ, sondern ich gehe davon aus, dass ich in einer schwierigen Situation angemessen und empathisch reagiert habe und verbuche das als Erfolg für mich.

Wann ist die Strategie Opferklau geeignet?

Geeignet sind Situationen in den Mädchen geärgert werden – sowohl in der Schule als auch in der Freizeit. Bei jugendlichen Mädchen kann die Übung Opferklau eingesetzt werden, um bei aufkeimenden Auseinandersetzungen beispielsweise innerhalb der Peer-Group oder eskalierenden Auseinandersetzungen das zum Opfer bestimmte Mädchen herauszuholen und sich mit ihr zu entfernen. Wenn aus „Was hast du eben gesagt?" oder „Du hast mich gerade angemuckt!" keine Auseinandersetzung werden soll, kann sie mit der Strategie Opferklau beendet werden: „Darauf lassen wir uns nicht ein. Komm wir gehen!"

■ Übung: Opferklau mit Mädchen

Drei Mädchen spielen gemeinsam. Ein Mädchen ist das „Opfer", sie wird geärgert. Ein Mädchen spielt die „Freundin", sie kommt zu Hilfe. Das dritte Mädchen spielt den- oder diejenige, die ärgert. Die Ärgernde rempelt beispielsweise das andere Mädchen leicht an oder greift es verbal an. Das Mädchen wehrt sich durch Abgrenzung oder Nein-Sagen. Allerdings beeindruckt dies im Rollenspiel die Ärgernde nicht und sie macht weiter. Die Freundin kommt zu Hilfe. Sie wendet sich an das Mädchen „Komm, wir gehen!“ oder „Lass uns gehen, die Lehrerin sucht dich!“ oder „Deine Freundin wartet, komm mit!“. Beide gehen zusammen schnell weg.

Bei dieser Übung können im ersten Teil alle Teilnehmerinnen in Kleingruppen zeitgleich üben. Im zweiten Teil empfiehlt es sich, jede Kleingruppe nacheinander ihre Variante vorspielen zu lassen. Die unterschiedlichen Darstellungen zeigen die Vielfältigkeit der möglichen Aussagen und Vorgehensweisen.

Diskussion

Die oben genannten Prinzipien können hier altersangemessen verankert werden:
Zeitpunkt: Die Freundin sollte so früh wie möglich angesprochen werden, möglichst kein langes Abwarten, ob es sich von selbst regelt. Je später eingegriffen wird, desto schwieriger.
Abstand: Zur Ärgernden sollte der Sicherheitsabstand eingehalten werden (oder dies sollte zumindest versucht werden).
Wortwahl: Die Freundin kann auch Begründungen erfinden, um dem Ärgernden zu vermitteln, dass um die Ecke eine weitere Person wartet, die ebenfalls zu Hilfe kommen könnte. „Die Lehrerin sucht schon nach dir!“ oder „Dein Cousin wartet vor der Schule!“.[64]
Bedeutung: Das Gefühl der Unterstützung und Solidarität ist hier sehr wichtig und für die Mädchen sehr beruhigend sowie stressmindernd.
Weggehen oder Feigheit: Durch das Weggehen wird die Angriffsfläche genommen. Dies ist keine Feigheit, sondern eine bewusst gewählte und aus Vernunft eingesetzte Strategie.

■ Übung: Helfen aus der Menge heraus / Schulhofsituation

In dieser Variante liegt der Schwerpunkt auf der Wahrnehmung und Beobachtung einer sich abzeichnenden Auseinandersetzung. Es geht darum herauszufinden, **wann** der richtige Zeitpunkt für die Intervention ist und was die Anzeichen dafür sind.

Die Übung wird folgendermaßen abgewandelt. Alle Teilnehmerinnen spielen die Mädchen, die sich entweder auf dem Schulhof oder in dem Jugendzentrum aufhalten. Die Trainerin spielt den Angreifer. Sie nähert sich einer Teilneh-

---

[64] Siehe hierzu das Thema Notlüge

merin und ärgert / rempelt sie an. Die Teilnehmerin, die dies als Erste sieht, darf intervenieren und das geärgerte Mädchen retten und mitnehmen.

Rollenspiel Opferklau

Die Strategien Opferklau bieten sich auch für ein Rollenspiel an. Die Durchführung ist vergleichbar mit dem Rollenspiel bei dem Thema Berührungen oder Geheimnisse. Die Trainerin spielt den Belästiger, eine Teilnehmerin das Mädchen und eine Teilnehmerin die „Retterin“ bzw. Freundin des Mädchens. Der Fokus liegt auf der Freundin. Sie setzt die Strategie Opferklau ein, um das Mädchen zu „retten“ und aus der Konfliktsituation herauszuholen. Die Betreffende, die angesprochen, belästigt oder geärgert wird, sollte sich mit den Strategien Nein sagen und Abstand halten behaupten. Dabei muss sie aber ihrer Freundin Zeit geben, sich im Rollenspiel zu nähern und aktiv zu werden. Beide entfernen sich gemeinsam. Auch hier sollten die beiden die Möglichkeit haben, sich an eine Vertrauensperson zu wenden.

Vorschläge für Situationen:

- Mädchen wartet auf ihre Freundin, wird von jungem Mann bedrängt und belästigt, der unbedingt ihre Handynummer haben möchte. Freundin hilft.
- Mädchen wartet auf ihre Freundin in der Stadt. Erwachsener: „Komm doch mit, ich lade dich zum Eisessen ein.“ Freundin kommt rechtzeitig und hilft.
- Mann streitet erbittert mit Frau in der Öffentlichkeit. Frau kommt dazu und will eingreifen.
- Mann belästigt Frau, die sich nicht wehren kann. Frau kommt dazu und will eingreifen.
- Kollege bei der Arbeit umarmt Kollegin. Frau sieht, dass dies derjenigen unangenehm ist.

4.5.3 Zu beachten, wenn ich andere unterstützen möchte / Nothilfe

Wenn ich in der Öffentlichkeit anderen Menschen, die belästigt oder angegriffen werden, helfen möchte, muss ich weiteres beachten. In der Auswahl der Rollenspiele in Kursen kann ich mich auf Konflikte beschränken, die überschaubar und handhabbar sind. Im Alltag ist dies nicht so.

Das Wichtigste ist für mich dabei, dass ich selbst in Sicherheit bin, dies auch bleibe sowie nicht in die Situation hineingezogen werde. Daher mische ich mich nicht spontan in eine Schlägerei ein, womöglich noch indem ich laut schreie „Was soll denn das!“. Damit mache ich frühzeitig und unnötig auf mich aufmerksam. Der Angreifer ist damit vorbereitet und kann mich entsprechend in Empfang nehmen. Ebenso ist nicht zielführend, sich heldenhaft dazwischen zu werfen.

Wenn ich einen Übergriff beobachte, rufe ich so schnell wie möglich die Polizei. Anschließend überprüfe ich, wer ebenfalls helfen könnte. Es ist besser, wenn mehrere Personen dazu kommen und zeigen, dass sie da sind. Diese Personen kann ich direkt ansprechen, indem ich bestimmte Merkmale benenne: „Sie dort mit dem Handy, könnten Sie mir helfen!" Wenn es mir möglich ist, sollte ich ihnen direkt sagen, was sie tun sollten und wie sie mich und die angegriffene Person unterstützen könnten: „Rufen Sie bitte die Polizei an!", „Kommen Sie bitte auf meine rechte Seite!", „Behalten Sie die Person in der roten Jacke im Auge!", „Halten Sie Abstand!", „Wir gehen gemeinsam!".

Ich kann auch sagen, dass die Polizei schon benachrichtigt ist: „Die Polizei kommt!" Manchmal reicht dies aus und der Angreifer flüchtet.

Checkliste: Darauf sollte ich beim Eingreifen achten

Allgemeine Überlegungen

- Ruhe bewahren, keine Panik, sich Zeit nehmen.
- Was kann ich tun und übernehmen? Ist das sinnvoll?
- Fällt mir eine unübliche Methode ein?
- Opferklau möglich?

Umfeld checken

- Wer ist in der Nähe, der oder die mir helfen oder Hilfe holen kann?
- Klare Ansagen an mögliche HelferInnen, direkt sagen, was getan werden muss: „Bitte rufen Sie die Polizei an!", „Kommen Sie von der anderen Seite zu Hilfe!".
- Kurze Aussagen, klare Ansage.

Eigensicherung beachten (keine Kamikaze-Aktionen!)

- Sicherheitsabstand beachten.
- Gegenstände notwendig oder vorhanden?

Kann ich verbal etwas erreichen, ist das ausreichend?

- Einsatz von Stimme und Berührungen, nur wenn möglich und je nach Situation.
- Kein Ankündigen von Techniken.
- Aussagen wie: „Polizei ist unterwegs!"

Vorgehen bei physischen Interventionen

- Kein Versuch und Irrtum, sondern energisches, zielgerichtetes Vorgehen.
- Präsenz zeigen.
- Effektives Handeln, effektive Techniken.

Dabei aber große Vorsicht walten lassen, wenn möglich und angebracht

- Von hinten kommen.
- Augen des Angreifers zuhalten (Hände auf dessen Augen).
- Arme des Angreifers fixieren, tendenziell enger Körperkontakt zur Kontrolle der anderen Person.
- Ungewöhnliche Reaktionen (Wasserkrug etc.).

5. Wie funktioniert Stärken? Prinzipien der Vermittlung

5.1 Rahmen und Rituale: Grundlegendes zu den Kurseinheiten

5.1.1 Vorstellungs- und Fragerunde

Jeder Selbstbehauptungskurs sollte mit einer Vorstellungsrunde beginnen. In den nachfolgenden Kurseinheiten, wenn beispielsweise das Angebot in wöchentlichem Rhythmus stattfindet, empfiehlt sich zu Anfang eine Fragerunde. Auch in Kompaktangeboten, die über einen Tag gehen, sollte es diese zu Beginn eines jeden neuen Themas geben. Die Antworten ermöglichen ein an den Teilnehmerinnen orientiertes Kursgeschehen.

In der anfänglichen **Vorstellungsrunde** frage ich erste grundlegende Informationen ab:

- Vorname und Nachname
- gegebenenfalls Alter bzw. bei Mädchen die Klasse. Die Klasse oder Klassenstufe ist oft informativer für den Wissens- und Erfahrungsstand, den die Mädchen haben[65]
- gesundheitliche Einschränkungen wie Allergien und Asthma oder andere (Arm gebrochen, Herzfehler). Ich möchte nur die gesundheitlichen Einschränkungen wissen, die den Mädchen bekannt sind und die für den Kurs relevant werden könnten. Wenn notwendig frage ich nach, wie sich die Einschränkung im Schulsport auswirkt. So kann ich das Handicap eher einschätzen und dementsprechend die Teilnehmerinnen entweder ermuntern oder zurückhalten
- Motivation oder Grund für die Teilnahme am Kurs
  Manche Teilnehmerinnen nennen ihn direkt am Anfang (Mutter oder Großmutter schickt sie, Junge in der Schule ärgert sie, Mobbing, präventiv, einfach so). Manche äußern ihn erst später im Kursverlauf oder gar nicht. Meine Erfahrung ist, dass die Hälfte der Mädchen eine individuelle Motivation und damit einen entsprechenden Leidensdruck hat. Wenn ich die Anliegen von Anfang an weiß, kann ich im Lauf des Kurses darauf eingehen. Oft lassen sich dann Lösungsan-

[65] 10 Jahre kann 4. oder 5. Klasse heißen. 4. Klasse bedeutet, soziales Umfeld bekannt, Schulweg bekannt und eher kürzer, oft zu Fuß oder mit Laufgruppe unterwegs, Schulwechsel steht an. 5. Klasse bedeutet oft weiterführende Schule und damit längere Schulwege, teilweise mit Bus und Bahn, mit Wartezeiten oder auch allein, soziales Umfeld in der Schule noch nicht vertraut.

sätze zusammen in der Gruppe finden oder andere Teilnehmerinnen, die Ähnliches erlebt haben, können Tipps geben

In den Fragerunden der weiteren Einheiten wiederholt jede Teilnehmerin ihren Namen und beantwortet meine zuvor gestellte Frage. Diese Fragen dienen dazu, die Lebenswelt der Mädchen und der Frauen kennenzulernen und zu erfahren, in welchem Umfeld sie sich bewegen. Wenn ein Mädchen beispielsweise mit dem Fahrrad zu Schule fährt, brauche ich das Thema Grabscher im Bus nicht anzusprechen.

Sie dienen ebenfalls dazu, sich der eigenen Ressourcen bewusst zu werden. Da diese reflektiert und benannt werden, ist es leichter, sich bei Bedarf und in Schwierigkeiten daran zu erinnern und sie zu aktivieren.

Fragen der Fragerunden:

- Was kannst du gut? (Die Antworten reichen von „Geige spielen" bis zu „Schlafen").
  Diese Frage zielt auf die Ressourcen, die Fähigkeiten ab, die ein Mädchen oder ein Frau zur Verfügung hat und die sie bei Bedarf aktivieren kann.
- Was ist dein Hobby? Was machst du gerne?
  Nicht alle Mädchen oder deren Familien haben die finanziellen Möglichkeiten für richtige Hobbys. Diese Frage eignet sich besser und umfasst dann Antworten wie „Chillen mit Freundinnen", „Shoppen", „Straßenkreide malen", „Basteln" oder „Abhängen".
- Was macht dich sehr, sehr wütend?
  Diese Frage bietet sich als Einleitung beim Thema Beleidigungen an. Die Trainerin kann darüber Anknüpfungspunkte für die Diskussion finden. Zudem können Frauen dabei gegebenenfalls schematisch ablaufende Reaktionen erkennen. („Wenn ich so etwas höre, raste ich sofort aus …!") Mädchen antworten bei dieser Frage oft mit Beispielen von Ungerechtigkeiten, die sie oder andere erleben oder erlebt haben.
- Wer ist deine Vertrauensperson?
  Diese Frage ist beim Thema Berührungen zwingend. Dadurch werden die Personen reflektiert und benannt, die in schwierigen Situationen hilfreich sein können und dafür ansprechbar sind. In Situationen, in denen die ruhige Überlegung nicht mehr möglich ist, können die Mädchen darauf zurückgreifen. Bei dieser Frage sollte bei Mädchen mindestens eine erwachsene Person genannt werden.
- Wer ist / sind deine Freundinnen und Freunde?
  Die Frage nutzt bei der Suche nach Unterstützung bei Problemen mit Gleichaltrigen oder wenn das Thema Mobbing / Probleme im Schulalltag mit Mitschülern besprochen wird. Freundinnen sind

diejenigen, die vor Ort sind und eingreifen können. Beispielsweise bei der Übung Opferklau[66] sollten die Freundinnen als Unterstützerinnen überlegt werden.

- Gute Fee: Wenn eine Gute Fee käme und mir einen Wunsch erfüllen würde, was wurde ich mir wünschen?
- Wo oder mit wem fühle ich mich sicher?
- Wo habe ich Angst oder fühle mich unsicher?
  Bei den letzten beiden Fragen bietet sich bei Frauen die Diskussion an, an welchen Orten Frauen tatsächlich, statistisch gesehen, am meisten gefährdet sind. Meiner Erfahrung nach nennen Frauen als sichere Orte oft ihre eigene Wohnung. Als unsicher gelten eher öffentliche Orte wie Parkhäuser oder unbelebte Gegenden. Statistisch gesehen finden die meisten Übergriffe Frauen gegenüber aber in geschlossenen Räumen statt. Das persönliche Bedrohungsszenarium deckt sich nicht immer mit der Realität, die in diesen Statistiken abgebildet wird.
- Was ist mein Lieblingsessen?
- Was ist mein Lieblingstier?

5.1.2 Eingangsübung und Abschlussrunde

Die Ich-sage-Nein- oder Schrei-Runde am Anfang ist fester Bestandteil jeder Einheit. Bei wöchentlichen Kursen beginnt die Einheit damit. Bei Kompaktkursen findet sie nach jeder längeren Pause statt.

Vor der Schrei-Runde empfehle ich ein kleines Aufwärmtraining, damit die Teilnehmerinnen sich daran gewöhnen, dass wir in der Bewegung arbeiten und üben. Locker heißt, die Mädchen sollten sich bewegen ohne gestresst zu sein und ohne, dass dadurch Mädchen ausgegrenzt werden, die in ihrer Beweglichkeit eingeschränkt sind. Bei diesen Übungen sollten alle mitmachen können. Hier zählt also der kleinste gemeinsame Nenner.

Ebenso wird jede Einheit mit einer Abschlussrunde beendet. Hier kann ein Feedback der Teilnehmerinnen abgefragt, offene Fragen beantwortet oder Wünsche geäußert werden.

Diskussionen und Einführungen finden immer in einem Sitzkreis statt, so dass sich möglichst alle sehen und ich als Kursleiterin ebenfalls alle im Blick haben kann. Wenn ich mit Mädchen arbeite, und sowie die Räume es zulassen, sitze ich dazu gerne auf dem Boden. Dies nimmt vor allem bei

[66] Siehe Kapitel 4.6 Opferklau und Helfen

Mädchen den Schulcharakter und verbindet die Selbstbehauptung mehr mit Sport und Freizeit.

Optional: Bewegungsübungen
Drei Bewegungen werden vorgegeben, z.B. Hände klatschen, Körper ausschütteln, Arme schwingen. Die Trainerin beginnt mit der Bewegung, alle machen mit. Eine Teilnehmerin ändert die Bewegung. Die anderen müssen dann ihre Bewegung ebenfalls anpassen und ändern.

Vorsicht: Für Teilnehmerinnen mit einer spastischen Behinderung sind Übungen, bei denen Arme und Beine ausgeklopft werden, nicht geeignet. Klopfen kann bei ihnen eine Spastik auslösen. Ausklopfen eignet sich aber gut bei Mädchen, die in ihren Bewegungen sehr unkontrolliert sind und nur eine geringe Körperwahrnehmung haben. Sie können auf diese Weise ihre Körpergrenzen fühlen.

5.1.3 Wechsel zwischen Bewegungselementen und ruhigeren Phasen

Eine einzelne Einheit hat einen ähnlichen Aufbau und Ablauf. Das inhaltliche Thema wird in Bewegungsübungen oder Praxisübungen und Diskussionen bzw. Übungen oder Rollenspielen, bei denen wenig Bewegung stattfindet, aufbereitet. Dabei sollten sich Bewegungsphasen und ruhigere Phasen abwechseln. In der Selbstbehauptung und Selbstverteidigung ist dies auch gut möglich.

5.2 Methodische Tipps und Tricks

5.2.1 Regeln

Die Regeln für Gruppenaktivitäten setze ich voraus. Ich ergänze sie um die Regeln, die in diesem Zusammenhang besonders wichtig sind:

- Die Teilnahme an einem Selbstbehauptungs- und Selbstverteidigungskurs ist freiwillig.
- Jedes Mädchen macht nur das mit, was für sie auch in Ordnung ist.
- Jede kann jederzeit mit einer Übung aufhören.
- Jede kann eine kleine private Pause nehmen, wenn es ihr nicht mehr gut geht oder ihr das Ganze zu viel wird.
- Schmerzen oder Unbehagen sollen nicht ausgehalten werden, die Teilnehmerin sollte sofort abbrechen und dies der Kursleiterin rückmelden.

- Bei Übungen mit Partnerinnen übt jede mit jeder. Kein Mädchen soll ausgegrenzt werden.

Wenn Teilnehmerinnen persönlich Erlebnisse erzählen (Schweigepflicht)

Oft wird im Kurs von den Teilnehmerinnen erwartet, dass sie sich an eine „Schweigepflicht“ halten und nichts Persönliches von anderen Teilnehmerinnen weitererzählen, und dies wird oft als „Schweigepflicht“ im Kurs von den Teilnehmerinnen erwartet. Dies sollte abgewogen werden.

Ein generelles Gebot, nichts aus dem Kurs weiterzuerzählen, ist vor allem bei Mädchen nicht absolut zu befürworten. Einerseits soll ein Mädchen in einem Selbstbehauptungskurs lernen, Geheimnisse zu unterscheiden, auf ihr Gefühl zu hören und sich gegebenenfalls zu öffnen, andererseits darf sie Berichte anderer Mädchen oder Inhalte des Kurses nicht mit anderen besprechen. Um dies zu keinem Widerspruch werden zu lassen, ist ein differenziertes Vorgehen erforderlich.

Mädchen verstehen den Sachverhalt, dass es für eine Betroffene unangenehm ist, wenn viele andere, beispielsweise Mitschüler und Mitschülerinnen, die nicht im überschaubaren Rahmen des Kurses waren, von ihrem eventuell schambesetzten Erlebnis wissen und darüber reden. Es kann jedoch sein, dass sie als Zuhörerinnen nicht mit dem geschilderten Erlebnis umgehen können und Gesprächsbedarf haben oder sogar Hilfe brauchen. Sie sollten daher die Möglichkeit haben, darüber reden zu dürfen – allerdings nur mit bestimmten ausgewählten Personen. Diese Personen – es sollten Erwachsene sein – können im Kurs auch benannt werden, und an sie kann und darf sich das jeweilige Mädchen wenden.

Bei Frauen mit Behinderungen, die gemeinsam in Werkstätten tätig sind, kann sich dieses Problem ähnlich stellen. Auch in einer Werkstatt sollten sich Frauen nicht bloßgestellt fühlen müssen, weil alle anderen nun um den Übergriff ihnen gegenüber wissen und sich darüber unterhalten. Dennoch benötigen möglicherweise die Teilnehmerinnen, denen der Übergriff berichtet wurde, Unterstützung. Wiederum empfiehlt es sich, mit den Teilnehmerinnen konkret und namentlich zu klären, wem sie sich in diesem Fall anvertrauen und sich besprechen würden. Von Seiten der Einrichtung aus sind MitarbeiterInnen des Sozialdienstes oder die direkten BetreuerInnen die geeigneten Ansprechpersonen.

Je nach Teilnehmerinnen und Gruppe kann es ausreichen, die Schweigepflicht anzusprechen und auf einen verantwortungsvollen Umgang mit den erfahrenen Informationen und Erlebnissen hinzuweisen.

5.2.2 Bilden von Gruppen und Finden von Partnerinnen

Im Allgemeinen kennen sich Mädchen in einem frei organisierten Kurs nicht. Je nach meiner Bitte müssen sie sich in Gruppen zu zweit oder dritt zusammenfinden. Es hat sich bewährt, am Anfang zu klären, wie dies funktioniert.

Das Ganze läuft über Blickkontakt. Ein Mädchen schaut eine andere auffordernd an, das andere Mädchen schaut bejahend zurück und nickt. Das bedeutet, dass die beiden bei der nächste Übung zusammen sind. Dann löst sich das Paar wieder auf und jede kann sich eine neue Partnerin suchen. Ich erkläre am Anfang, dass ich davon ausgehe, dass prinzipiell jede mit jeder übt und keine ausgegrenzt wird. Der ständige Wechsel erfordert ein flexibleres und differenziertes Üben. Wenn Mädchen ausschließlich mit ihren Freundinnen üben, wird das schnell zur Gewohnheit und damit langweilig. Sich immer wieder abzulösen verhindert zudem, dass Mädchen ausgeschlossen werden, da die Trainerin schneller und häufiger eingreifen kann. Zusätzlich lernen sich die Mädchen untereinander kennen, was oft zu einem regen Telefonnummern- und Adressentausch am Ende führt.

Die Kursleiterin kann Bedingungen vorgeben:

- Die Partnerin sollte ähnlich groß oder schwer sein. Die Körpergröße muss teilweise beim Training von Techniken beachtet werden.
- Es muss eine neue Partnerin sein, mit der die Betreffende in der gesamten Einheit noch nicht geübt haben darf.
- Es kann die Lieblingspartnerin oder Freundin sein, da die folgende Übung, bspw. eine Massageübungen, eine vertraute Person erfordert.

Wenn die Gruppe Einzelne ausgrenzt, teile ich als die Kursleiterin die Gruppen ein. In diesem Fall empfehle ich das direktive Vorgehen.

5.2.3 So viele Teilnehmerinnen wie möglich beschäftigen

Möglichst viele Übungen sollten in Kleingruppen durchgeführt werden, da dann alle Teilnehmerinnen gleichzeitig beschäftigt sind. Wartezeiten sind nicht nur für Mädchen langweilig und sollten möglichst vermieden werden. Beispielsweise bei der Übung „Ärgern mit Hansi und Gertrude“ sollten aus diesem Grund mehrere Handpuppen eingesetzt werden. Bei der Übung „Burgspiel“ empfiehlt sich dies ebenfalls. Auch bei der Kartenübung sollten die Mädchen in Kleingruppen üben. Generell kann nach der Übungsrunde für alle eine Vorführrunde stattfinden, in der jeweils eine Kleingruppe ihre Darstellung einmal zeigt und die anderen zuschauen.

5.2.4 Umgang mit Konflikten in der Gruppe

Konflikte sollten meiner Ansicht nach so früh wie möglich oder eben so bald sie sich zeigen angesprochen werden. Die Kursleiterin sollte zeigen, dass sie den Konflikt bemerkt und einen Umgang damit hat. Sie muss den Konflikt nicht lösen, das geht nicht immer. Aber sie muss ihn zur Kenntnis nehmen und dies formulieren. Sie sollte nicht versuchen, das Ganze zu ignorieren. Es ist eher wahrscheinlich, dass die Mädchen das Gefühl bekommen, dass die Kursleiterin die Gruppe nicht mehr führen kann und das Vertrauen verlieren. Sie nehmen die Kursleiterin nicht mehr ganz ernst. Und das bedeutet, weder ihre Anweisungen noch ihre Inhalte.

Der Vorschlag für eine geeignete Formulierung lautet: „Wir können dieses Problem hier nicht lösen. Könnt ihr damit leben, es in diesem Kurs nach hinten zu stellen und euch auf unsere Inhalte zu konzentrieren?“ Oder: „Ich sehe das Problem und versuche, so weit es hier möglich ist, darauf Rücksicht zu nehmen.“

5.2.5 Kritik

Kritik zu üben ist ein heikles Thema in Selbstbehauptungs- und Selbstverteidigungskursen. Kritik an einzelnen Strategien oder an dem Verhalten in Übungen kann von manchen Teilnehmerinnen sehr leicht missverstanden werden, da sie einen Bezug zu ihrem Verhalten und ihrer Selbstbehauptung im Alltag herstellen. Wenn sie diese Verbindung ziehen, wird Kritik leicht umfassender und grundsätzlicher verstanden, als sie intendiert war. Dies gilt umso mehr bei Frauen mit Behinderungen.

Eine geeignete Regel kann sein: Keine direkte Kritik, kein „Oh, das war aber falsch!“ oder „So kann das nicht gehen!“. Die Formulierung sollte sehr bedacht und vorsichtig sein: „Versuch es doch mal so“ oder „Könntest du dir vorstellen, das so zu sagen?“. So wird Kritik vermieden und es kann sofort zur Verbesserung übergegangen werden.

5.3 Methodik der Rollenspiele

5.3.1 Grundsätzliches zum Rollenspiel in der Selbstbehauptung und Selbstverteidigung

Im Rollenspiel können komplexere und aufeinanderfolgende Handlungsabläufe geübt werden. Daher bilden sie hier eine äußerst wirksame Methode.

Rollenspiele werden in zwei Varianten eingesetzt. Zum einen gibt es kurze Rollenspiele, in denen einzelne Strategien oder isolierte Verhaltensweisen eingeübt werden. Diese Rollenspiele können im Kurs zeitgleich stattfinden und mehrere Kleingruppen üben parallel. Beispiele dafür sind die Übungen „Beleidigungen zurückgeben in der Gruppe" oder „Ärgern mit Hansi und Gertrude".

Zum anderen können dies längere Rollenspiele sein, in denen der Einsatz mehrerer Strategien nacheinander gezeigt wird. Es genügt nicht, zum Fremdtäter zu sagen „Lass mich in Ruhe!". Die Interaktion geht weiter. Die Betreffende kann ihn anschreien, ihn vielleicht ans Schienbein treten, weggehen oder wegrennen und sich dann ihrer Mutter oder einer anderen Vertrauensperson anvertrauen. Und dieser Ablauf kann im Rollenspiel geübt werden. In dieser Variante spielen mehrere Teilnehmerinnen mit. Die Rollenspiele sind so kleine Theaterstücke, die den anderen Teilnehmerinnen vorgeführt werden.

Bei diesen Rollenspielen läuft im Hintergrund immer das Thema sexualisierter Gewalt mit, daher gibt es einige Stolpersteine. Im Folgenden gehe ich ausführlich auf die Durchführung der Rollenspiele und den Umgang mit den Problemen ein, die am häufigsten auftreten.

5.3.2 Das Rollenspiel als „Theaterstück"

Diese längeren und differenzierten Rollenspiele brauchen einen festen Rahmen und eine Einbindung als „Theaterstücke", bei dem die Mädchen und Frauen in andere Rollen schlüpfen und diese auch wieder verlassen können.

Folgende Regeln und Rahmenbedingungen sind wichtig:

- Ein Teil des Raumes wird zur Bühne bestimmt, dort bewegen sich die Schauspielerinnen. Der Rest des Raumes oder ein anderer Teil des Raums wird festgelegt, in dem die Zuschauerinnen sitzen können.
- Bei jüngeren Mädchen empfiehlt sich eine Zusatzregel: Jede darf sitzen oder sogar auf dem Bauch liegen, um zuzuschauen, aber keine darf auf dem Rücken liegen. In Rückenlage ist konzentriertes Zuschauen meiner Erfahrung nach nicht möglich. Wenn sich dies allerdings bei einer Teilnehmerin häuft, muss die Trainerin sehen, ob diesem Verhalten etwas anderes zugrunde liegt, beispielsweise dass sich das Mädchen ausklinken möchte, da ihr das Thema zu nahe geht. Als Sofortmaßnahme empfiehlt sich ein Pause, um dem nachzugehen.
- Die Zuschauerinnen klatschen einmal in die Hände. Das ist das Zeichen für den Beginn des Theaterstück-Rollenspiels. Damit schlüpfen die Betreffenden in ihre Rollen.

- Unterbrechungen sind möglich. Die Wiederaufnahme des Spiels wird durch erneutes einmaliges Klatschen angezeigt.
- Das Rollenspiel hat für das Mädchen bzw. die Frau ein gutes Ende. Rollenspiele in dieser Form müssen ein gutes Ende haben. Das liegt in der Verantwortung der Trainerin.
- Am Ende klatschen alle Beifall. Mit dem Applaus werden die Schauspielerinnen aus ihrer Rolle entlassen.
- Diskussionsrunde und Feedback der Schauspielerin und der Zuschauerinnen erfolgen anschließend.

Der Rahmen ist wichtig, damit die Teilnehmerinnen und auch die Kursleiterin wieder aus ihren Rollen herauskommen können. Dies gilt im Besonderen für die Kursleiterin, da sie die Rolle des „Täters" übernimmt und es deshalb sichtbar und deutlich werden muss, wann sie wieder in ihre alte Rolle wechselt. Verkleidungsutensilien können dabei helfen. Allerdings sollten nur wenige ausgewählte Stücke eingesetzt werden. Beispielsweise sind Mützen oder Schals in verschiedenen Farben denkbar. Unterschiedliche Kleidungsstücke lassen sich ebenfalls nutzen.

5.3.3 Zu den beteiligten, mitspielenden Personen

Alle Situationen sollten mit einer überschaubaren Personenanzahl gespielt werden. Drei Personen, die spielen, reichen meist aus. Die Kursleiterin spielt **immer** den Täter. Eine Teilnehmerin spielt das Mädchen. Eine Co-Trainerin oder eine Teilnehmerin spielt die helfende Person oder die Vertrauensperson. In Kursen mit Mädchen werden als Vertrauenspersonen oft Lehrerinnen, Eltern oder Betreuerinnen oder gleichaltrige Freundinnen genannt. Wenn eine Teilnehmerin die Helferin oder Freundin spielt, bekommt sie möglichst feste Sätze an die Hand, die sie sagen kann. Aus diesen Sätzen muss die Unterstützung und die Wertschätzung für das vom Übergriff betroffene Mädchen hervorgehen. Dies wäre z. B.: „Das hast Du gut gemacht. Ich freue mich, dass Du es mir erzählt hast und ich kümmere mich darum." Oder: „Das darf derjenige nicht machen. Gut, dass Du es mir erzählt hast. Ich kümmere mich darum."

Wenn eine Lehrerin oder eine Betreuerin ebenfalls am Kurs teilnimmt, kann sie die helfende Person oder Vertrauensperson spielen. Auch sie sollte realistisch und wertschätzend antworten. Zum Beispiel beim Thema Geheimnisse empfehlen sich Aussagen, die dies übermitteln: „Das hast Du gut gemacht. Ich freue mich, dass Du es mir erzählt hast und ich kümmere mich darum." Die Lehrerin oder Betreuerin kann in das Rollenspiel dann zusätzlich die Vorgehensweise einbauen, die in der jeweiligen Einrichtung für diese Fälle vorgesehen ist. „Das ist ein Thema für die Schulsozialarbeit. Sollen wir gemeinsam hingehen?"

5.3.4 Teilnehmen und Mitspielen ermöglichen

Je nach Alter sind Mädchen unterschiedlich motiviert, bei Rollenspielen mitzumachen. Die Hemmungen sind mitunter recht groß, dies vor allem bei Mädchen mit Behinderungen. Die Teilnehme ist natürlich freiwillig. Trotzdem frage ich nach, um herauszufinden, ob ein Mädchen sich noch etwas Zeit lassen möchte, Unterstützung braucht oder die Teilnahme ablehnt.

Manchmal lässt sich die Hemmschwelle senken, wenn zwei Mädchen gemeinsam spielen können. Ein Mädchen spielt sozusagen die Hauptrolle, die andere ist ihre Freundin. Die Freundin gibt es in drei Varianten:

- Das Mädchen benötigt ihre Freundin nur als moralische Unterstützung. Sie braucht nicht einzugreifen.
- Das Mädchen benötigt ihre Freundin in aktiver Rolle. Die Freundin schlägt vor oder unterstützt, d.h. sie als Freundin macht die Ansage oder sie wiederholt und bestärkt die Ansage.
- Die Freundin übernimmt die aktive Rolle und die Ansagen. Das Mädchen klinkt sich aus dem aktiven Geschehen völlig aus, ist aber dennoch im Spielgeschehen präsent. Dies findet sich vermehrt bei Mädchen mit Behinderungen, wobei die Freundin oft ihre Rolle weitergehend als Beschützerin annimmt und das Mädchen noch in den Arm nimmt und zum Platz bringt.

Alle Versionen sind in Ordnung und zu begrüßen.

Wenn ein Mädchen sich beständig gegen eine Teilnahme wehrt, fordere ich sie zwar auf, bewerte es aber positiv, wenn sie bei ihrem Nein bleibt. Immerhin hat sie sich eben mit Nein sagen gegenüber ihrer Trainerin behauptet.

5.3.5 Potenziale und Schwierigkeiten

Ein Rollenspiel kann unterschiedliche Verläufe haben. Ich kann im Rollenspiel Abläufe wiederholen und verändern. Unterbrechungen sind daher wichtig und müssen gestaltet werden. Für die Unterbrechung wird keine Begründung formuliert. Sie ist notwendig, wenn beispielsweise das spielende Mädchen einen Blackout hat und nicht weiterkommt, ihre Strategie im Ernstfall nicht zielführend ist oder ein interner Vorgang transparent gemacht werden soll. Eine Begründung impliziert ein Fehlverhalten der Schauspielerin und das ist kontraproduktiv. Mein Vorschlag wäre, die Unterbrechung unaufgeregt anzukündigen oder die Unterbrechung auf sich als Trainerin zu beziehen. Beispielsweise: „Wir unterbrechen einen Moment“ oder „Ich habe dazu eine Frage“ oder „Ich möchte dazu etwas sagen“.

Verbalisierung von Gefühlen
Das Rollenspiel kann unterbrochen werden, um die Gefühlsebene transparent zu machen. Die Spielende wird nach ihren Gefühlen in der jeweiligen Rollenspielsituation befragt und kann diese beschreiben. So werden ihre eigentlich unsichtbaren Gefühle verbalisiert und für die anderen erfahrbar gemacht. Den Zuschauerinnen veranschaulicht sich dadurch, dass nicht nur sie allein in derartigen Situationen Angst haben, sondern andere Mädchen ebenfalls. Die Innensicht wird nach außen transportiert und damit kann besser in die Diskussion gegangen werden.

Blackout der Spielenden
Bei einer Nicht-Reaktion der Mitspielenden, wenn sie erstarrt oder ihr einfach nichts einfällt, wird unterbrochen. Dies ist nicht unbedingt ein Problem, sondern eher eine Chance. Es gibt zwei Möglichkeiten für einen konstruktiven Umgang:

1. Denkpause für die Spielende
Die Unterbrechung verschafft der Spielenden eine Denkpause. Der Formulierungsvorschlag lautet: „Moment, wir unterbrechen kurz." Mit den folgenden Fragen sollte der Stress aus der Situation herausgenommen werden. „Merle, du hast jetzt Zeit zu überlegen. Was könntest du denn machen?" oder auch „Was würdest du gerne machen?". Die Trainerin kann Vorschläge machen, indem sie Aussagen zitiert, die vorher gefallen sind und daraus die Lösung ableitet. „Lisa hatte doch vorher den Sicherheitsabstand erwähnt, könnte der hier passen?" Oder: „Würdest du das für dich behalten? Du hattest vorher deine Lehrerin als Vertrauensperson genannt. Könntest du mit ihr reden?" Oder sie verweist auf vorher geübte Strategien: „Wir haben geübt, laut Nein zu sagen. Könnte das jetzt passen?"

2. Einbeziehung der anderen Teilnehmerinnen bzw. Zuschauerinnen
In der Unterbrechung können die Zuschauerinnen ebenfalls Tipps geben. Der Formulierungsvorschlag ist wieder: „Moment, wir unterbrechen kurz." Dann sind die Zuschauerinnen direkt angesprochen und die Vorschläge können unter den Teilnehmerinnen diskutiert werden. „Was meinen denn die anderen?", „Was könnte Merle jetzt machen?", „Was schlagt ihr Merle vor?" oder aber: „Wenn ihr Merles Freundin wärt, was könntet ihr ihr raten?" Diejenige, die spielt, wählt eine Idee aus dem Angebot aus und setzt sie um.

Dieses Vorgehen bezieht die anderen mit ein und ihre Vorschläge kommen ebenfalls zum Tragen. Außerdem erhöht dies die Menge an möglichen Strategien. Ganz nebenher wird die Strategie „Ich hole mir Hilfe!" eingesetzt. Später kann in der Diskussion vertieft werden, dass es vielfältige Möglichkeiten für Reaktionen gibt, dass ein Mädchen Probleme nicht allein lösen muss und dass Freundinnen und Freunde eine wertvolle Unterstützung sind.

5.4 Zur Position der Trainerin und Kursleiterin

5.4.1 Regeln für die Kursleiterin

Das Mädchen gewinnt immer – im Rollenspiel
Auch wenn es in der Realität leider nicht so ist, im Rollenspiel muss immer das Mädchen gewinnen. Das Rollenspiel endet, wenn der „Täter" (also die Trainerin) aufhört, weil das Mädchen ihre Strategie innerhalb ihrer Möglichkeiten und mit ihren Kompetenzen eingesetzt hat.

Die Übungsleiterin muss erkennen, wenn ein Mädchen ihr Bestes gibt. Die individuelle Abwehrleistung muss wahrgenommen werden, das Vermögen und letztendlich auch die Begrenzung. Dies erfordert einen sensitiven Umgang. Die Teilnehmerin darf nicht gedrängt werden, um eine stärkere Reaktion zu erzwingen. Dies könnte dazu führen, dass sie über ihre Grenzen gehen muss. Es darf nicht zu einer derartigen Grenzüberschreitung im Rollenspiel kommen.

Wenn eine Teilnehmerin ungewöhnlich reagiert, sollte unterbrochen werden. Im Gespräch kann sie ihr Verhalten erklären. Oft zeigt sich, dass dies sehr sinnvoll ist, nur eben nicht auf den ersten Blick oder wenn die Trainerin eine bestimmte Reaktion erwartet. Je nachdem kann die Übung dann wiederholt und erfolgreich zum Ende gebracht werden.

Bei der Strategie einer Teilnehmerin, die mir als Trainerin für die gegebene Situation nicht geeignet scheint, kann ich versuchen zu klären oder vorzuschlagen, ob eine andere Reaktionsweise auch möglich und eventuell geeigneter sein könnte. Wenn diese aber auf ihrer Strategie beharrt, sollte die Trainerin es dabei belassen. Sie hat eine Strategie, sie hat diese eingesetzt und damit ist sie erfolgreich als Handelnde. Siehe: Das Mädchen gewinnt immer!

Die Trainerin trägt die Verantwortung, dass im Rollenspiel das Mädchen als Gewinnerin hervorgeht und sich auch als Gewinnerin fühlt. Sie als Kursleiterin muss das Rollenspiel dementsprechend führen und gegebenenfalls im Nachhinein, also in der Diskussion, als erfolgreich bewerten. Wiederum: Die Teilnehmerin muss mit einem guten Gefühl aus dem Rollenspiel herausgehen.

Es gibt kein Patentrezept
Die Strategien, die geübt werden, sind Vorschläge. Sie funktionieren nur, wenn eine Teilnehmerin sich diese zu eigen macht und für sich einsetzen kann. Nicht alle Techniken und Strategien sind für alle gleich geeignet. Die Auswahl und die Entscheidung, welche Strategie zum Tragen kommt, ent-

scheidet die Teilnehmerin. „Nein, ich kann einfach nicht Nein sagen." oder „Ich kann schon schreien, ich muss das nicht üben.". Als Trainerin kann ich Vorschläge machen, ich muss aber akzeptieren, wenn eine Teilnehmerin mit einer vorgeschlagenen Strategie nichts anfangen kann und im Rollenspiel doch nicht so agiert und die Situation anders löst, als ich mir das als Trainerin vorgestellt habe.

Spontane Änderungen im Spiel durch die Teilnehmerinnen
Änderungen in der Strategie oder in den Vorschlägen, die eine Teilnehmerin vornimmt, müssen grundsätzlich positiv gewürdigt werden. Ich empfehle eine große Offenheit, da Mädchen teilweise sehr kreativ in ihrem Umgang sind und ihre Absicht sich mir als Trainerin nicht immer sofort erschließt. Diese Offenheit ist nicht selbstverständlich und sollte immer wieder hergestellt werden. Als Trainerin habe ich teilweise ein Schema im Kopf, die beste Reaktion für diese Situation, meist wurde diese im Vorfeld eingeübt. Wenn ein Mädchen jetzt außerhalb meiner Schablonen reagiert, sollte ich das wertschätzend betrachten.

Bewertung von Strategien
In der Einschätzung kreativer Strategien sind zwei Kriterien wichtig. Zum einen: Kann sich die Frau oder das Mädchen als Handelnde erleben? Zum anderen: Trifft sie eine mehr oder weniger bewusste Entscheidung?

Ich möchte dies an einem Beispiel verdeutlichen: Ein Mädchen ist mit einer kleinen Gruppe von Jungs konfrontiert, die sie beschimpfen. Sie kann versuchen, dies zu ignorieren und das Geschehen zu verlassen. Oder sie kann die Beschimpfungen wahrnehmen, die Gruppe anschauen und sich entscheiden, sie zu ignorieren. Sie kann sie aus unterschiedlichen Gründen ignorieren, vielleicht weil sie sich keine guten Chancen ausrechnet, sich gut behaupten zu können, weil es zu viele sind oder weil ihre Freundin nicht dabei ist und sie allein sich wehrloser fühlt. Der eigentliche Grund ist letztendlich unerheblich. Es ist die Entscheidung, die Entscheidung für das Ignorieren, die sie zur Handelnden macht. Die aktive Strategie, das Handeln ist, dass sie die Gruppe und die Beschimpfungen ignoriert, dass sie dem Ganzen aus dem Weg geht. Und das kann verhindern, dass sie sich als Opfer fühlt.

Wenn ein Mädchen auf einer Strategie beharrt, die eher als gefährlich gilt, sie sich aber nicht davon abbringen lässt, muss die Trainerin für die anderen Teilnehmerinnen den Rahmen aufzeigen. Wenn also beispielsweise darauf beharrt wird, immer mit Schlägen reagieren zu wollen, muss die Trainerin diese Strategie relativieren. Sie muss sie in die Bandbreite der möglichen Reaktionsweisen einordnen und aufzeigen, dass sie den Rahmen der deeskalativen Vorgehensweisen verlässt und welche Folgen dies haben kann. Dies ist für die anderen Teilnehmerinnen wichtig, damit sie die Strategie bewerten können. Die Trainerin muss aber stehenlassen können, dass diese Strategie ihre Bedeutung für eben diese Teilnehmerin hat und einräumen, dass in Einzelfällen diese Reaktionsweise funktionieren könnte. Auch diese Teilnehmerin sollte mit einem guten Gefühl aus dem Kurs herausgehen. Aber für die anderen Teilnehmerinnen muss klar sein, dass diese Vorgehensweise keine Allgemeingültigkeit hat und vor allem oder nur für eben diese Teilnehmerin eine besondere Relevanz hat.

5.4.2 Anspannung bei den Teilnehmerinnen im Verlauf des Rollenspiels

Manchmal baut sich während eines Rollenspiels eine große Spannung bei den zuschauenden Mädchen mit und ohne Behinderungen auf. Dies geschieht gerne, wenn der „Täter“ im Rollenspiel beispielsweise ein anderer Junge oder eine Person ist, die für sie nahe oder in ihrer Lebenswelt vertreten ist. In diesem Fall gibt es zwei Möglichkeiten:

1. In dem Kurs ist eine Co-Trainerin, eine Lehrerin oder eine Betreuerin dabei. In diesem Fall muss die Co-Trainerin, die als Vertrauensperson mitspielt, im Rollenspiel den „Täter“, der von der Trainerin dargestellt wird, zurechtweisen. Sie muss klarstellen, dass der Täter dies nicht darf, dass das Mädchen mit ihren Gefühlen und ihrer Abwehr im Recht war und dass sie darauf schauen wird, dass er das nie wieder macht. Der „Täter“ muss auf diese Ansage somit eine Form von Reue zeigen.
2. In dem Kurs ist keine Co-Trainerin oder eine andere Erwachsene dabei. Hier muss sich der „Täter“, also die Trainerin aktiv und ohne Aufforderung durch die Betroffene bei ihr entschuldigen. „Es tut mir leid, ich sehe ein, dass das nicht in Ordnung war und ich mache es nicht wieder.“

Dieses Vorgehen baut meiner Erfahrung nach die Spannung sehr wirkungsvoll ab. Die Stimmung in der Gruppe, die vorher eher verhalten und erwartungsvoll war, ist danach gelöst und entspannt. Es scheint, dass es sich gut anfühlt, wenn „die Gerechtigkeit gesiegt hat“.

5.4.3 Was bringt es, in die Rolle des Angreifers zu schlüpfen?

In der Rolle des Täters kann diejenige, die ihn darstellt, das Machtgefühl oder die Aggression, die einen Angreifer leiten kann, in Ansätzen empfinden oder nachspüren. Dies bezieht sich auf Situationen der Selbstbehauptung, in denen physische Gewalt nicht das Thema ist. Wenn ich als mögliches Opfer davon ausgehe, dass mein Angreifer dieses Machtgefühl empfindet, kann ich mir ausmalen, wie meine Gegenwehr bzw. wie heftig meine Gegenwehr sein muss, damit sie ihn von seinem Vorhaben abbringt.

Des Weiteren wird aus der Position des Angreifers heraus nachvollziehbar, warum eine Abwehrstrategie nicht funktioniert. Es ist dann spürbar und wahrnehmbar, dass eine Abwehrstrategie nicht wirkt, wenn kein Blickkontakt gegeben ist. Oder wenn die Aussage nicht klar und eindeutig gemacht wird. Wenn ich als Trainerin den Angreifer spiele, kann ich wahrnehmen, ob ein Mädchen einknickt und nachgibt.

In Partnerinnenübungen wie der Übung Grenzgängerinnen („Ich bewache meine Grenze!“), der Apfelübung („Ich verteidige meine Süßigkeit!“) oder der Kartenübung („Wer ist die Chefin!“) kann die Partnerin diese Machtgefühle ebenfalls in Ansätzen wahrnehmen und auch fühlen, an welchen Knackpunkten oder Schaltstellen die Machtposition des „Angreifers“ sich abschwächt und die Gegenposition der „Verteidigerin“ beginnt, sich durchzusetzen.

5.5 Erfahrungsberichte als Rollenspiele

5.5.1 Potenziale von Erfahrungsberichten

Mädchen und Frauen erzählen in den Kursen oft von ihren Erfahrungen mit Übergriffen. In den meisten Erzählungen schafften sie es, relativ unbeschadet und damit erfolgreich aus der Situation herauszukommen. Wenn Mädchen diese Erfolgsgeschichten erzählen, ist Folgendes zu beachten: Da die Erzählerin das Erlebnis überstanden hat, ist sie erfolgreich. Die Trainerin muss also zeigen, was die Erzählende alles gut und richtig gemacht hat. Meiner Erfahrung nach lassen sich aus diesen Geschichten immer die erfolgreichen Strategien herauslesen. Die Erzählerin sollte mit dem Gefühl aus der Diskussion herausgehen, viel richtig gemacht zu haben und aktiv am Erfolg beteiligt gewesen zu sein. „Ich sehe in deiner Geschichte, dass du ganz entschieden mit ihm gesprochen hast und deine Körpersprache eindeutig war.“ Nur wenn Strategien bewusst sind, können sie wiederholt eingesetzt werden.

Die Geschichten haben Potenzial. In ihnen zeigen sich starke Mädchen und Frauen und erfolgreiche Strategien. Wenn ihr Potenzial genutzt wird, hat dies folgende Vorteile:

- Die Lebenswelt der Teilnehmerinnen ist die Grundlage der Situationen und der Probleme.
- Die Aufmerksamkeit ist größer, da ihre eigene Lebenswelt, ihre eigene Realität besprochen wird.

- Die Lösungsmöglichkeiten werden besser angenommen, da andere Teilnehmerinnen sie vorschlagen – sie sind damit authentischer – und sie damit positive Erfahrungen gemacht haben.

5.5.2 Entwicklung des Rollenspiels aus Erfahrungsberichten

Wenn Erfahrungsberichte für Rollenspiele herangezogen werden, empfiehlt es sich, den Erfahrungsbericht nicht in demselben Kurs, in dem er erzählt wurde, einzusetzen. Dies ist oft für die Betreffende zu nahe. Allerdings kann es Ausnahmen geben, wenn ein Mädchen oder eine Frau dies explizit möchte. In der Regel wird das Erlebte als Rollenspiel in einem späteren Kurs umgesetzt.

Das erzählte Erlebnis bzw. die geschilderte Problemsituation ist die Grundlage der Überlegungen. Auffällig ist, dass sich Erfahrungsberichte teilweise ähneln. Daher können ähnliche Erlebnisse zu einem prototypischen Verlauf zusammengefasst werden.

Soll sich ein Erlebnis als Grundlage für ein Rollenspiel eignen, können folgende Fragen zum Tragen kommen:

- Passt das Erlebnis zu dem Thema, das im Kurs gerade behandelt wird?
- Kann die Problemsituation und der Ablauf in klaren Schritte strukturiert werden?
- Kann das Problem klar in wenigen Sätzen am Anfang umrissen werden? Es ist nicht möglich, mittendrin Erklärungen oder Begründungen nachzuliefern.
- Kann ich in der Lösung des Erlebnisses Strategien wiederfinden, die vorgestellt wurden oder von mir erwünscht sind?
- Kann die Problemsituation mit einfachen Strategien gelöst werden?
- Kann die Situation mit wenigen Personen, die klare Rollen haben, gespielt werden?
- Geht das Mädchen mit den vorgestellten Strategien als Gewinnerin aus den Rollenspielen hervor? (Das ist ein Muss!)
- Ist sichergestellt, dass das Beispiel, obwohl es einem Mädchen passiert ist, die Fähigkeit der Anderen, das Erlebnis zu verarbeiten, nicht übersteigt?

Damit sind gewalttätige Situationen und Situationen expliziter sexualisierter Gewalt ausgeschlossen. Situationen eignen sich, in denen in einem frühen Stadium der Interaktion das Mädchen oder die Frau sich aus der Situation herausbegeben kann und sie vorher geübte und gezeigte Strategien (wie beispielsweise laut werden und schreien, Hilfe holen oder Opferklau) unterstützend einsetzen kann. Präventive Strategien stehen im Vordergrund, die den Übergriff verhindern können oder eine schnelle Flucht ermöglichen.

Auch Grenzüberschreitungen durch Mitschüler und Mitschülerinnen, also Gleichaltrige, eignen sich gut für Rollenspiele. Mädchen erleben dies oft in der Schule. Vor allem in der Grundschule werden sie von Mitschülerinnen und Mitschülern geärgert. Wenn Mädchen geübt haben, sich klar und eindeutig abzugrenzen, beendet dies in der Realität oft das übergriffige Verhalten.

5.5.3 Beispielhaftes Vorgehen

Folgende Geschichte wurde erzählt: Lena, körperbehindert, im Rollstuhl, machte ein Praktikum an einer Einrichtung für Menschen mit Behinderungen. Praktikumsort: Büro, Arbeitsplatz: am PC. Ein Mitarbeiter, ebenfalls mit einer Behinderung, fasste sie mehrfach am Busen an. Lena sprach nicht darüber und beendete ihr Praktikum wie vorgesehen. Einige Zeit später erzählte sie den Vorfall einer Lehrerin. Sie erfuhr nicht, wie die Lehrerin vorging und ob sie etwas unternahm. Im Selbstbehauptungskurs wurde dieser Vorfall thematisiert. Eine andere Lehrerin, die als Betreuerin am Kurs teilnahm, kümmerte sich dann um den Vorfall. Es war dann vorgesehen, dass in dem betreffenden Büro kein Mädchen der Schule mehr ein Praktikum machen wird.
Weitere Informationen liegen nicht vor.

Klar zu strukturierende Problemsituation: Bürosituation (eher privater Bereich, in der Situation allein), im Sitzen, bekannter Täter, Grauzone, keine weiteren Beteiligten, körperlicher Übergriff: Begrabschen. Die Situation von Lena kann am Anfang des Rollenspiels klar beschrieben werden. Es sind keine weiteren Informationen oder Änderungen während des Rollenspiels notwendig.

Klar zu strukturierender Ablauf: Kenntnisse über den Ablauf von Grenzüberschreitungen im Bereich sexualisierte Gewalt und sexueller Missbrauch sind zielführend, um den Ablauf strukturieren und einordnen zu können.
Beispielweise: Beziehung aufbauen, verbale Phase, Isolation, Geheimnis auferlegen, durch den Täter Wahrnehmung in Frage stellen, Hilfe holen, Unterstützung bekommen.

Einsatz der Strategien aus Selbstverteidigung und Selbstbehauptung: Auswahl und Anpassung ist vorgegeben: Von der körpersprachlichen und verbalen Abgrenzung über die für den Täter schmerzhafte Abwehrtechnik bis zum Hilfe holen. Die Kriterien für die Auswahl der Strategien und des Abwehrverhaltens: situationsangemessen, personenangemessen, beziehungsangemessen.

Strategien, die im Rollenspiel geübt werden können: Wahrnehmung der Situation, Realisierung des Übergriffs. Frühe verbale Abgrenzung durch frühes Nein sagen oder indem sie sich direkt entfernt. Körperliche Abwehr eventuell durch einen Knöchelschlag. Sich aus der Situation entfernen und sich zu den Kollegen begeben, um sich dann beim Chef/der Chefin oder den Kolleginnen Hilfe zu holen oder sich der Lehrerin oder Betreuerin anzuvertrauen (Nicht an das Schweigegebot halten, sondern erzählen!).

5.6 Exkurs zu Triggern und getriggert sein: Frauen oder Mädchen erinnern sich an Übergriffe[67]

Wenn sich eine Frau oder ein Mädchen auffälliger benimmt, kann es sein, dass sie von sexualisierter Gewalt betroffen ist oder war und sich im Kurs in irgendeiner Form daran erinnert und diese Erinnerung sie überwältigen. Diese Erinnerungen oder das Auftauchen von Bildern und Eindrücken ist unwillkürlich. Die Teilnehmerin kann dadurch deutlich belastet sein. Als Kursleiterin gilt es, damit adäquat umzugehen.

Zunächst ist es wichtig, dementsprechende Anzeichen zu erkennen und wahrzunehmen.
Andrea Durner nennt eine Reihe von Signalen, die darauf hindeuten können. Ich zitiere diese Erscheinungsformen ausführlich, da sie so vielfältig sind und ich als Kursleiterin aufpassen muss, dass ich solches Verhalten nicht falsch interpretiere, beispielsweise als Langeweile oder als Störung, denn solches Verhalten kann auf ein einschneidendes oder traumatisierendes Erleben hindeuten.

„Anzeichen könnten z. B. sein: körperliche Unruhe – längere Zeit auf den Boden oder aus dem Fenster schauen – leerer Blick – maskenhaftes („Fassade") oder bleiches Gesicht – viel Spannung im Körper (hochgezogenen Schultern, heftiges Kneten der eigenen Hände, fast zwanghaft wirkendes Haarezwirbeln oder sich kratzen – beteiligt sich nicht mehr so wie sonst im Kurs – scheint nicht mehr zuzuhören – stört, macht Unsinn – macht „private Pausen", läuft plötzlich weg – findet den Kurs oder die Leiterin blöd, inkompetent, arrogant, stellt sie in Frage oder fängt Streit mit ihr an – findet das Thema langweilig – spielt immer wieder mit ihrem Handy rum – um nur einige Beispiele zu nennen."[68]

---

67 Eine sehr gute und ausführliche Ausarbeitung hat Andrea Durner, Wendo-Trainerin und Heilpraktikerin für Psychotherapie mit traumatherapeutischer Zusatzausbildungen zusammengestellt: „Frequently Asked Questions zum Thema Trigger." Sie kann auf ihrer Homepage www.koerperpsychotherapie-durner.de angefragt werden.

68 Andrea Durner: „Frequently Asked Questions zum Thema Trigger." S. 3.

Wird ein Mädchen oder eine Frau getriggert, bedeutet dies, dass sie an ihr erlebtes Trauma erinnert wird und dieses sich Bahn brechen kann. Das kann soweit gehen, dass sie einen Flashback erlebt, einen Rückfall in das Erleben des damaligen Geschehens. Im Extremfall ist sie nicht mehr in der Gegenwart verortet, sondern rutscht zurück in das Trauma. Es kann sein, dass sie vorerst nicht weiter am Kurs teilnehmen kann und möchte.

Es kann aber auch sein, dass Frauen an übergriffige Situationen, die sie erlebt haben, erinnert werden und diese Erinnerungen sie während des Kurses belasten. In beiden Fällen ist zuerst die Kursleiterin diejenige, die damit umgehen muss.

Ich möchte im Folgenden einige Möglichkeiten nennen, wie betroffene Kursteilnehmerinnen aufgefangen werden können.

Reize bzw. Aufregung von außen verringern: Ängste reduzieren durch Verminderung von Reizen, indem die Betreffende in einen anderen Raum geht, entweder zusammen mit der Trainerin oder mit einer Freundin. Vielleicht können die anderen Frauen Pause machen, sodass sich die Kursleiterin um die Betreffende kümmern kann.

Mögliche Fragen: Was tut dir gut? Was brauchst du jetzt? Was kann ich für dich tun?
Es sollte nicht nach dem Anlass oder dem Ereignis gefragt werden. Erzählungen sollten eher gebremst werden, d. h. möglichst nicht nachfragen, was geschehen ist. Nachfragen birgt die Gefahr, dass die Teilnehmerin im damaligen Geschehen verhaftet bleibt.

Wenn dies nicht ausreicht, um die Teilnehmerin zu beruhigen und sie sich selbst auch nicht beruhigen kann, dienen die folgenden Vorschläge dazu, die Teilnehmerin wieder im Kurs zu verorten und eine Fortsetzung der Teilnahme zu ermöglichen.

Im Hier und Jetzt verankern: „Du bist / Sie sind hier in xyz.“ „Es kann Dir / Ihnen nichts passieren, wir haben den 15. Juni 20xx und sie sind im Selbstverteidigungskurs bei der VHS.“ „Sie sind in Sicherheit. Ihnen kann nichts passieren.“

Dabei sollte die Stimme der Kursleiterin ruhig und gemäßigt sein.

Andere Reize: Der Betreffenden sollte etwas zu trinken oder zu essen angeboten werden. Die Aufmerksamkeit wird dadurch von den Erinnerungen abgelenkt und auf Konkretes, Unmittelbares fokussiert. Ein Glas Wasser ist empfehlenswert.

Manchmal werden in diesem Kontext scharfe Bonbons empfohlen. Davon würde ich eher abraten, da die Schärfe, wenn sie einmal im Mund ist, nicht mehr zu mindern ist. Da das Schmerzempfinden unterschiedlich ist, würde ich eher auf anderes ausweichen. Beispielweise kann Tigerbalsam, der sehr intensiv riecht, auf ein Papiertaschentuch gegeben werden und die Betreffende kann daran riechen. Wenn es ihr zu intensiv ist, kann das Tuch entfernt werden.

Auch taktile Reize können eingesetzt werden. Hier eignen sich die Igelbälle, die vielleicht sowieso für die Massage vorgesehen sind. Es gibt auch Igelbälle aus Holz oder Metall, deren Stacheln einen stärkeren Reiz ausüben.

Ablenkung: „Zählen Sie von 3215 rückwärts und ziehen Sie immer 2 (oder 5 oder 7) ab."
„Nennen Sie 5 Dinge, die sie sehen, (die Sie hören, die Sie fühlen)."

Rettungsdienst oder Betreuerinnen informieren: Wenn der „Worst Case" eintritt, und sie die Betroffene nicht erreichen bzw. ihr nicht mehr zutrauen, gut nach Hause zu kommen, müssen sie entweder Angehörige verständigen oder gegebenenfalls den Rettungsdienst alarmieren.

Wenn es sich um ein Frau mit Behinderung handelt, ist es ratsam, die Betreuenden in der Wohneinrichtung zu informieren. Vielleicht benötigt die Frau noch eine gewisse Nachsorge.[69]

No-Gos

Folgendes sollte die Kursleiterin nicht machen. Dafür möchte ich noch einmal Andrea Durner zitieren:
„Die Teilnehmerin ausführlichst befragen, was gerade los ist – oder sie ungebremst erzählen lassen (was evtl. eine vage Erinnerung war, könnte damit zum ausgewachsenen Flashback werden).
Abwiegeln: Es gibt doch gar keinen Grund, dass Du hier jetzt heulst."[70]
Sie wird nicht ernstgenommen und ihrer Wahrheit wird nicht geglaubt.

„Ungefragt umarmen und berühren (sie hat wieder keine Kontrolle darüber, was mit ihr passiert).
Verbieten, dass die Teilnehmerin weiter mitmachen darf, wenn sie ‚so' reagiert (wird vermutlich als Bestrafung erlebt).
Zum Ausagieren ermutigen (Sag Deinem Vater endlich mal die Meinung!)
Dazu zwingen, eine Übung weiterzumachen.

---

69 Siehe auch Andrea Durner: „Frequently Asked Questions zum Thema Trigger." S. 11.

70 Andrea Durner: „Frequently Asked Questions zum Thema Trigger." S. 10/11

Zulassen, dass die ganze Gruppe um die Teilnehmerin herumgluckt und sich gegenseitig überbietet mit ungefragten Hilfestellungen und Berührungen (Risiko der völligen Reizüberflutung und evtl. Erfahrung neuer Übergriffe)."[71]

Erfahrung: Nach meiner Erfahrung können die Erinnerungen an traumatische Erlebnisse oder Übergriffe im Kurs reaktiviert werden. Allerdings habe ich nie erlebt, dass eine Frau in dieser extremen Form getriggert wurde. Ich habe erlebt, dass Frauen geweint haben, weil sie sich erinnerten. Allerdings konnten sie sich meist selbst wieder beruhigen und nach einer kurzen Auszeit weiter am Kurs teilnehmen.
Zudem ist bei Kursen mit Frauen mit Behinderungen häufig eine Betreuerin vor Ort dabei, die in diesem Fall unterstützen kann. Meist stellt sich dann heraus, dass die Erlebnisse auch den Betreuerinnen bekannt sind und die betroffenen Frauen sich deswegen auch schon in Therapie befinden.

---

71 Andrea Durner: „Frequently Asked Questions zum Thema Trigger." S. 10/11

6. Körperliche Abwehrhandlungen: Ausgewählte Techniken

6.1 Warum sind Techniken wichtig?

Situativ notwendig
In der Selbstverteidigung kann es durchaus sein, dass ich an einen Punkt komme, an dem meine Strategien keine Wirkung mehr zeigen. In diesem Fall kann ich zu körperlichen Abwehrhandlungen oder eben Techniken übergehen. Techniken setze ich ein, wenn alle anderen Möglichkeiten ausgeschöpft sind.

Wenn ich eine Technik für schwierige Situationen zur Verfügung habe, gibt mir das eine gewisse Sicherheit. Wenn ich meine körpersprachlichen und verbalen Möglichkeiten ausgeschöpft habe, gibt es immer noch etwas, was ich dann tun kann.

Dazu zählen auch Notfalltechniken: Eine Notfalltechnik ist darauf angelegt, dem Angreifer Schmerzen zuzufügen. Dieser Schmerz soll es dem Angreifer unmöglich machen, seinen Angriff fortzusetzen. Die Notfalltechnik soll den Angreifer stoppen und der Schmerz ihn kurzzeitig so ablenken, dass das Mädchen entkommen kann.

Funktion für die Mädchen in einem Angebot – Bewegung
Körperliche Techniken werden in der Bewegung geübt. Damit können Spannungen abgebaut werden, die in Diskussionen und ruhigen Übungen eventuell aufgebaut wurden. Man muss sich immer wieder klarmachen, dass die Auseinandersetzung mit dem Thema Gewalt und Übergriff immer mitläuft. Und dies löst Stress aus. Mit körperlicher Bewegung kann hier gegengesteuert werden.

Funktion für die Mädchen in einem Angebot – Selbstbewusstsein
Kampfsport und Kampfsporttechniken sind für viele Mädchen mit Bildern von Stärke und Durchsetzungsvermögen verbunden. Üben sie diese Techniken, können sie diese Stärke auch für sich reklamieren bzw. sich aneignen. Die meisten Mädchen reagieren freudig überrascht, wenn ich die Techniken ankündige. Sie üben sie gerne und fühlen sich sehr kompetent mit diesen Möglichkeiten.

6.2 Erklärung der einzelnen Techniken[72]

Ich habe wenige Techniken ausgewählt, die sich für meine Inhalte und für meine Zielsetzung eignen. Die Techniken, die im Rollstuhl ausgeführt werden, gehen maßgeblich auf meine Kollegin Borghild Strähle zurück. Sie hat die Techniken und deren Ausführung entwickelt.

Eine Schlag- oder Tritttechnik wird immer zusammen mit einem lauten Schrei ausgeführt. Damit entwickelt die Technik eine stärkere Wirkung.

Fußtritt

Beim Fußtritt wird gegen das Schienbein getreten. Die Ausführung ist folgendermaßen: Ich ziehe das Knie an und hoch in Höhe meiner Hüfte. Der Fuß ist ebenfalls angezogen und die Zehen zeigen dabei nach oben. Der Fuß wird dann im Kniegelenk nach vorn gestoßen, so dass der Zehenballen oder oder der gesamte Fuß das Scheinbein trifft.

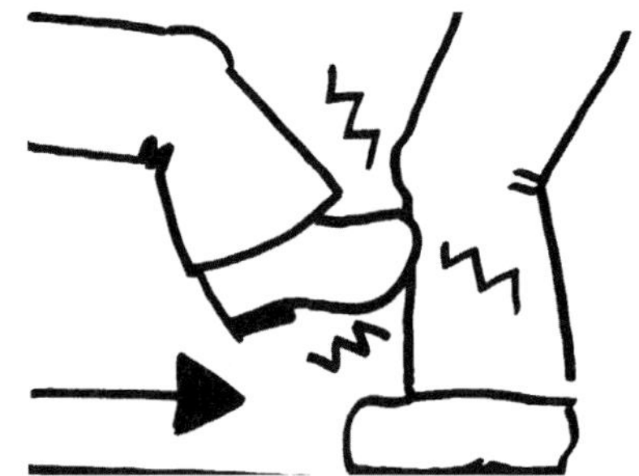

Gegen das Schienbein fahren

Der Fußtritt wird im Prinzip mit dem Rollstuhl ausgeführt. Das Fußbrett wird mit Schwung gegen das Schienbein des Angreifers gefahren.

[72] Grundlegende Schlag- und Tritttechniken sowie einzelne Befreiungstechniken, die sich für Mädchen eignen, finden sich Götz, Barbara, Späth, Gabi: Ich bin stark! Selbstverteidigung für Mädchen. Würzburg: Arena-Verlag, Neuauflage 2017, S. 60–75 und S. 96–106.

Auf die Finger klopfen

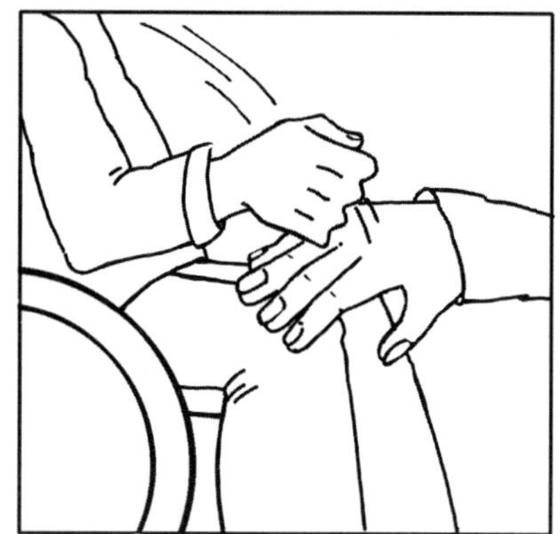

Mit den Fingerknöcheln der Faust wird kraftvoll auf den Handrücken des Belästigers geschlagen. Diese Technik kann, wenn die Trainerin einen Schutzhandschuh trägt, beim Rollenspiel Berührungen als Technik eingesetzt werden. Die Teilnehmerin, die die Technik übt, sollte aber vorsichtig damit beginnen. So kann die Trainerin Schlagkraft und Wirkung abschätzen und Verletzungen vermeiden.

Losreißen und aus Griff herausdrehen

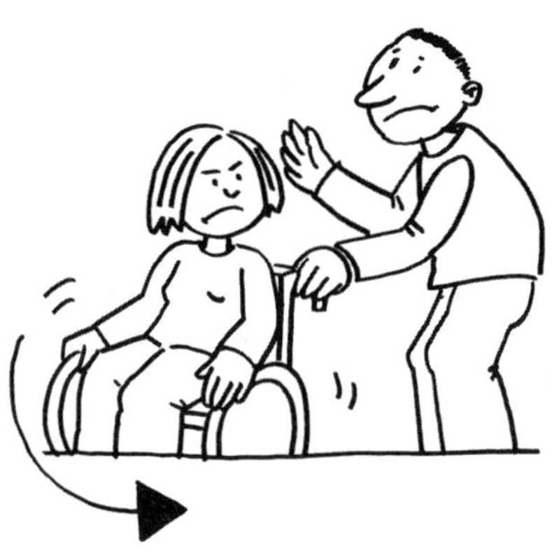

Wenn eine Rollstuhlfahrerin ungewollt geschoben wird, kann sie diese Technik einsetzen. Sie dreht den Rollstuhl mit Schwung auf eine Seite. Die Person, die schiebt, verliert ihren Halt an den Griffen. Der Schwung des Rollstuhls reißt den Griff aus der einen Hand heraus und das Handgelenk der anderen Hand wird durch den engen Kreis, den der Rollstuhl beschreibt, verhebelt. Aufgrund des Schmerzes im Handgelenk wird der Griff gelöst.

Krallenhand

Die Krallenhand kann gegen das Gesicht gerichtet werden, aber auch gegen andere Körperstellen eingesetzt werden. Die Hand wird auf einer empfindlichen Stelle aufgesetzt und dann werden die Finger zur Kralle zusammengezogen. Je stärker ich die Finger zusammen kralle, desto schmerzhafter ist die Technik.
Diese Technik können Mädchen mit einer spastischen Einschränkung gut ausführen. Sie können dabei ihre Kraft einsetzen, die gegebenenfalls durch die Muskelanspannung einer Spastik bedingt ist.

Regina Götz

7. Fragen der Teilnehmerinnen

7.1 Darf ich mich wehren? Warum?

Jeder Mensch darf sich wehren, wenn er oder sie angegriffen wird. Das ist dann Notwehr. Notwehr ist die Handlung, die erforderlich ist, um einen gegenwärtigen rechtswidrigen Angriff abzuwehren (§ 32 StGB). Nothilfe ist es, wenn man einer anderen Person hilft. Der Angriff muss gegenwärtig sein. Wenn die Tat schon vorbei ist, gilt das Notwehrrecht nicht mehr. Er oder sie darf sich also nur so lange wehren, bis der Angriff beendet ist. Wenn die andere Person aufgehört hat oder ausgeschaltet ist, ist die Notwehrsituation vorbei. Die Gegenwehr muss verhältnismäßig sein, das heißt also es ist natürlich übertrieben, eine Person, die einen beleidigenden Spruch macht, gleich umzubringen. Übergriffe gegen Frauen und Mädchen werden bestraft, es sind rechtswidrige Handlungen. Deshalb dürfen sie sich auch dagegen zur Wehr setzen.

Seit dem 10.11.2016 gilt das neue Sexualstrafrecht. Es kommt für die Strafbarkeit einer sexuellen Handlung nicht mehr darauf an, ob die betroffene Person sich dagegen gewehrt hat, sondern nur noch auf den erkennbaren entgegenstehenden Willen an („Nein heißt Nein"). Außerdem ist jetzt die sexuelle Belästigung strafbar (§ 184 i StGB) und es werden Sexualstraftaten aus einer Gruppe heraus bestraft (§184J).

Folgende Paragrafen sind verändert oder neu geschaffen worden:

§ 177 StGB Sexueller Übergriff, sexuelle Nötigung, Vergewaltigung

Abs. 1: Wer gegen den erkennbaren Willen einer anderen Person sexuelle Handlungen an dieser Person vornimmt oder von ihr vornehmen lässt oder diese Person zur Vornahme oder Duldung sexueller Handlungen an oder von einem Dritten bestimmt, wird mit Freiheitsstrafe von sechs Monaten bis zu fünf Jahren bestraft.

Der wesentliche Punkt ist, ob die andere Person erkennen konnte, dass die sexuelle Handlung nicht gewollt war, im Gegensatz zu früher, wo es in den meisten Fällen darauf ankam, ob Gewalt angewendet wurde.

Abs. 2: Ebenso wird bestraft, wer sexuelle Handlungen an einer anderen Person vornimmt oder von ihr vornehmen lässt oder diese Person zur Vornahme oder Duldung sexueller Handlungen an oder von einem Dritten bestimmt, wenn

1. *der Täter ausnutzt, dass die Person nicht in der Lage ist, einen entgegenstehenden Willen zu bilden oder zu äußern,*

2. *der Täter ausnutzt dass die Person aufgrund ihres körperlichen oder psychischen Zustandes in der Bildung oder Äußerung des Willens erheblich eingeschränkt ist, es sei denn, er hat sich der Zustimmung dieser Person versichert,*

3. *der Täter ein Überraschungsmoment ausnutzt,*

4. *der Täter eine Lage ausnutzt, in der dem Opfer bei Widerstand ein empfindliches Übel droht, oder*

5. *der Täter die Person zur Vornahme oder Duldung der sexuellen Handlung durch Drohung mit einem empfindlichen Übel genötigt hat.*

Die Nummern 1–3 regeln die Fälle, in denen eine Person aufgrund unterschiedlicher Umstände (Schlaf, KO-Tropfen, psychische Beeinträchtigung) nicht in der Lage ist, ein Nein zu bilden oder zu äußern. Nummer 4 betrifft beispielsweise eine Situation, in der eine Person regelmäßig misshandelt wird und sich deswegen überhaupt nicht traut, nein zu sagen.

Abs. 3: Darin ist geregelt, dass auch schon der Versuch strafbar ist.

Abs. 4: Auf Freiheitsstrafe nicht unter einem Jahr ist zu erkennen, wenn die Unfähigkeit einen Willen zu bilden oder zu äußern auf einer Krankheit oder Behinderung des Opfers beruht.

Damit sind körperliche und seelische Beeinträchtigungen gemeint.

Abs. 5: Auf Freiheitsstrafe nicht unter einem Jahr ist zu erkennen, wenn der Täter

1. *gegenüber dem Opfer Gewalt anwendet*

2. *dem Opfer mit gegenwärtiger Gefahr für Leib oder Leben droht oder*

3. *eine Lage ausnutzt, in der das Opfer die Einwirkung des Täters schutzlos ausgeliefert ist.*

Dieser Abschnitt entspricht der vorherigen Vorschrift.

Abs. 6: In besonders schweren Fällen ist auf Freiheitsstrafe nicht unter zwei Jahren zu erkennen. Ein besonders schwerer Fall liegt in der Regel vor, wenn

1. *der Täter mit dem Opfer den Beischlaf vollzieht oder vollziehen lässt oder ähnliche sexuelle Handlungen an dem Opfer vornimmt oder von ihm vornehmen lässt, die dieses besonders erniedrigen, insbesondere, wenn sie mit einem Eindringen in den Körper verbunden sind (Vergewaltigung), oder*

2. *die Tat von mehreren gemeinschaftlich begangen wird.*

Unter Absatz 6 fallen alle Fälle des Vaginal-, Anal- oder Oralverkehrs.

Abs. 7: Auf Freiheitsstrafe nicht unter drei Jahren ist zu erkennen, wenn der Täter

1. *eine Waffe oder ein anderes gefährliches Werkzeug bei sich führt, um den Widerstand einer anderen Person durch Gewalt oder Drohung mit Gewalt zu verhindern oder zu überwinden,*

2. *sonst ein Werkzeug oder Mittel bei sich führt, um den Widerstand einer anderen Person durch Gewalt oder Drohung mit Gewalt zu verhindern oder zu überwinden, oder*

3. *das Opfer in die Gefahr einer schweren Gesundheitsschädigung bringt.*

In § 177 Abs. 8 sind weitere besonders schwere Fälle benannt, bei denen die Mindeststrafe fünf Jahre beträgt (Verwendung einer Waffe, schwere Misshandlung, in die Gefahr des Todes bringen). § 177 Abs. 9 regelt die Herabsetzung der Strafen in sogenannten minder schweren Fällen. Was ein minder schwerer Fall ist, ist im Gesetz nicht geregelt, sondern hat sich in der Rechtsprechung der Gerichte entwickelt.

§ 184i StGB Sexuelle Belästigung

Abs. 1: Wer eine andere Person in sexuell bestimmter Weise körperlich berührt und dadurch belästigt, wird mit Freiheitsstrafe bis zu zwei Jahren oder mit Geldstrafe bestraft, wen nicht die Tat in anderen Vorschriften mit schwererer Strafe bedroht ist.

Abs. 2: In besonders schweren Fällen ist die Freiheitsstrafe von drei Monaten bis zu fünf Jahren. Ein besonders schwerer Fall liegt in der Regel vor, wenn die Tat von mehreren gemeinschaftlich begangen wird.

Abs. 3: Die Tat wird nur auf Antrag verfolgt, es sei denn, dass die Strafverfolgungsbehörde wegen des besonderen öffentlichen Interesses ein Einschreiten von Amts wegen für geboten hält.

§ 184 j StGB Straftaten aus Gruppen

Wer eine Straftat dadurch fördert, dass er sich an einer Personengruppe beteiligt, die eine andere Person zur Begehung einer Straftat an ihr bedrängt, wird mit Freiheitsstrafe bis zu zwei Jahren oder mit Geldstrafe bestraft, wenn von einem Beteiligten der Gruppe eine Straftat nach den §§ 177 oder 184i StGB begangen wird und die Tat nicht in anderen Vorschriften mit schwererer Strafe bedroht ist.

Dieser Straftatbestand ist umstritten, da er nach dem Diskurs im Zuge der Silvesternacht 2015 in Köln geschaffen wurde.

Wichtig sind auch noch folgende Vorschriften:

§ 176 StGB Sexueller Missbrauch von Kindern

Nach § 176 StGB sind sexuelle Handlungen an Kindern (Personen unter 14 Jahren) strafbar. Hierbei ist es vollkommen gleichgültig, ob das Kind damit einverstanden ist oder einwilligt. Es ist auch strafbar, Kinder zu veranlassen, sexuelle Handlungen an sich oder dritten Personen vorzunehmen. Auch wenn dies mit Mitteln der Kommunikationstechnologie gemacht wird.

§ 174 StGB Sexueller Missbrauch von Schutzbefohlenen

Abs. 1: Wer sexuelle Handlungen

1. *an einer Person unter sechzehn Jahren, die ihm zur Erziehung, zur Ausbildung oder zur Betreuung in der Lebensführung anvertraut ist,*

2. *an einer Person unter achtzehn Jahren, die ihm zur Erziehung, zur Ausbildung oder zur Betreuung in der Lebensführung anvertraut oder im Rahmen eines Dienst- oder Arbeitsverhältnisses untergeordnet ist, unter Missbrauch einer mit dem Erziehungs-, Ausbildungs-, Betreuungs-, Dienst-oder Arbeitsverhältnis verbundenen Abhängigkeit oder*

3. *an einer Person unter achtzehn Jahren, die sein leiblicher oder rechtlicher Abkömmling ist oder der seines Ehegatten, seines Lebenspartners oder einer Person, mit der er in eheähnlicher oder lebenspartnerschaftsähnlicher Gemeinschaft lebt, vornimmt oder an sich von*

dem Schutzbefohlenen vornehmen lässt, wird mit Freiheitsstrafe von drei Monaten bis zu fünf Jahren bestraft.

Nach § 176 Abs. 2 StGB werden ebenso Personen bestraft, die das Abhängigkeitsverhältnis von Menschen, die in einer Einrichtung zur Erziehung, Ausbildung oder Betreuung leben, zu sexuellen Handlungen ausnutzen.

7.2 Was passiert, wenn ich mich gewehrt habe und der andere ist tot oder schwer verletzt?

Das kann natürlich passieren, kommt aber doch sehr selten vor. Dann prüft die Staatsanwaltschaft, ob man sich strafbar gemacht hat. Es wird also geprüft, ob das Handeln durch Notwehr gerechtfertigt ist (s.o.).

7.3 Kann derjenige mich anzeigen?

Derjenige kann eine Anzeige erstatten. Dann ermittelt die Polizei und die Staatsanwaltschaft bzw. ein Gericht stellt letztlich fest, ob in Notwehr gehandelt wurde.

7.4 Was passiert, wenn ich die Polizei anrufe? Was passiert, wenn ich Anzeige erstatte?

Wenn die Polizei angerufen oder Anzeige erstattet wird, wird ein Ermittlungsverfahren eingeleitet. Das bedeutet, dass die Polizei alle Untersuchungen anstellt, um die Tat aufzuklären. Dazu gehört natürlich als Wichtigstes, die Vernehmung des Mädchens oder der Frau als Zeugin, damit die Polizei den gesamten Sachverhalt erfährt. Es können noch andere ZeugInnen gehört werden, die dazu Aussagen machen können. Auch Personen, denen die Frau oder das Mädchen von der Tat erzählt hat. Außerdem sollen von der Polizei alle wesentlichen Spuren gesichert werden. In manchen Fällen wird das Mädchen oder die Frau auch gleich zu einer ärztlichen Untersuchung gebracht, um Verletzungen zu dokumentieren oder die Spuren (z. B. Sperma, Blutspuren, KO-Tropfen) zu sichern. Deshalb ist es im Fall einer sexuellen Nötigung wichtig, so schnell wie möglich Anzeige zu erstatten, damit möglichst viele Spuren gesichert werden können und nicht schon verschwunden sind.

Die Vernehmung kann auf Video aufgezeichnet werden (§ 58a StPO). Es kann auch sein, dass schon im Ermittlungsverfahren eine RichterIn die Vernehmung macht und diese auf Video aufgezeichnet wird. Diese Aufnahme kann dann im Prozess vorgeführt werden, wenn das Mädchen oder die Frau nicht schon während der Vernehmung dagegen widersprochen hat (§ 255a StPO). Der Beschuldigte erhält normalerweise kurz vor Abschluss der Ermittlungen rechtliches Gehör, d.h. er kann sich zu den Tatvorwürfen äußern, das muss er aber nicht.

Dann entscheidet die Staatsanwaltschaft, ob und wegen welcher Straftatbestände Anklage erhoben wird oder ob das Verfahren eingestellt wird. Die Anklageschrift ist die Grundlage des gerichtlichen Verfahrens.

Die Einstellung des Verfahrens bedeutet, dass das Verfahren zu Ende ist. Das passiert häufig, wenn Aussage gegen Aussage steht, es keine weiteren Beweismittel gibt und die Aussage des Mädchens oder der Frau in sich widersprüchlich ist. Gegen die Einstellung kann Beschwerde eingelegt werden.

Oft ist in den Fällen von Sexualdelikten die Beweislage schlecht, es steht häufig Aussage gegen Aussage. Dann kommt es darauf an, ob die Aussage des Mädchens oder der Frau als glaubhaft angesehen wird. Deshalb ist es wichtig, in jedem Bereich der Aussage die Wahrheit zu sagen, auch wenn das in dem Moment vielleicht unangenehm ist. Wenn sich herausstellt, dass in einem Teilbereich der Aussage nicht die Wahrheit gesagt wurde, wird die Glaubhaftigkeit der gesamten Aussage in Zweifel gezogen. Ein wichtiges Kriterium für die Glaubhaftigkeit ist außerdem die Konstanz der Aussage, das heißt, dass in jeder Vernehmung inhaltlich das Gleiche erzählt wird.

Nach Erhebung der Anklage findet das gerichtliche Verfahren statt. Das ist dann die Gerichtsverhandlung oder Hauptverhandlung. Zwischen Anzeige und Gerichtsverhandlung vergeht manchmal sehr viel Zeit, es kann länger als ein Jahr dauern. In den Fällen, in denen der Täter im Gefängnis ist, muss alles schneller gehen, aber es kann dann dennoch mehrere Monate bis zur Gerichtsverhandlung dauern.

In Deutschland gilt das Mündlichkeitsprinzip, das heißt in der Gerichtsverhandlung muss alles direkt zur Sprache kommen. Es ist nicht ausreichend, dass in der polizeilichen Vernehmung aufgeschrieben worden ist. Deshalb muss in der Regel in der Hauptverhandlung noch einmal alles erzählt werden, was geschehen ist, auch wenn es schon der Polizei erzählt wurde. Es gibt in Ausnahmefällen die Möglichkeit, dass in einem getrennten Saal ausgesagt wird und die Aussage per Video dann in den Gerichtssaal übertragen wird (§ 247a StPO). Das ist aber nur dann möglich, wenn dem Mädchen oder der Frau durch die Aussage in Anwesenheit des Angeklagten ein schwerer Nachteil, z.B. eine Gesundheitsgefährdung droht. Dann ist es auch möglich, den Angeklagten während ihrer Vernehmung auszuschließen. Dazu muss mindestens ein ärztliches Attest oder eine psychologische Stellungnahme vorgelegt werden. Das wird von den Gerichten aber sehr ungern gemacht, weil das Urteil dann möglicherweise von einem höheren Gericht wieder aufgehoben wird.

Wenn ihre Aussage schon vorher auf Video aufgenommen worden ist, kann die Aufnahme in der Hauptverhandlung vorgeführt werden (§ 255a StPO). Dann kann aber trotzdem noch eine ergänzende Vernehmung stattfinden.

Grundsätzlich ist das Mädchen oder die Frau als Zeugin verpflichtet, bei der Staatsanwaltschaft und beim Gericht auszusagen, in Ausnahmefällen auch schon bei der Polizei. Eine Ausnahme von der Aussagepflicht besteht nur in zwei Fällen. Zum einen wenn das Mädchen oder die Frau selbst in die Gefahr gerät, bestraft zu werden (Auskunftsverweigerungsrecht § 55 StPO), zum Beispiel, weil sie selbst gleichzeitig auch eine Straftat begangen hat. Zum anderen, wenn das Mädchen oder die Frau mit dem Angeklagten eng verwandt ist (Zeugnisverweigerungsrecht § 52 StPO). So ist beispielsweise niemand verpflichtet, gegen die Eltern, die Kinder oder den Ehepartner auszusagen.
Das bedeutet, dass wenn eine Frau oder ein Mädchen einen sexuellen Übergriff angezeigt hat, sie dann auch als Zeugin aussagen muss, außer sie hat ein Auskunfts- oder Zeugnisverweigerungsrecht. Einerseits ist es wichtig, nach einem sexuellen Übergriff möglichst schnell Anzeige zu erstatten, andererseits ist es aber auch wichtig, sich gut zu überlegen, ob man das auch wirklich will.

Manchmal ist die Verhandlung schon nach einem Tag beendet, es gibt aber auch Fälle, in denen mehrere Verhandlungstage stattfinden. Am Ende der Verhandlung wird das Urteil gesprochen.

Gegen Urteile des Amtsgerichts ist die Berufung möglich, dann wird alles noch einmal beim Landgericht verhandelt. Gegen das Urteil eines Landgerichts gibt es nur noch die Revision, das ist in den meisten Fällen nur ein schriftliches Verfahren.

Zu jedem Zeitpunkt des Verfahrens kann gegen den Beschuldigten ein Haftbefehl ergehen. Das wird gemacht, wenn es sich um eine schwerwiegende Straftat handelt und die Gefahr besteht, dass der Beschuldigte flüchtet.

Eine Frau oder ein Mädchen kann sich in jeder Phase des Verfahrens anwaltlich vertreten lassen. In schwerwiegenden Fällen bekommt sie die Anwältin, die sie sich ausgesucht hat, als Beistand bestellt (§ 397a Abs. 1 StPO). In weniger schwerwiegenden Fällen wird die Anwältin unter Bewilligung von Prozesskostenhilfe beigeordnet, wenn sie sich selber keine Anwältin leisten und ihre Interessen nicht selbst vertreten kann (§ 397a Abs. 2 StPO).

Es ist gut, sich mindestens in schwerwiegenden Fällen schon frühzeitig eine Anwältin zu suchen, da diese diejenige auch schon bei der Vernehmung durch die Polizei begleiten kann. Hat eine Frau keine Anwältin, dann kann sie auch von einer Vertrauensperson begleitet werden, wenn diese nicht selbst als Zeugin in Betracht kommt. Im gerichtlichen Verfahren kann das Mädchen oder die Frau als Nebenklägerin auftreten, die Anwältin ist dann Prozessbeteiligte wie die Verteidigung, das heißt, sie kann wie die Verteidigung des Beschuldigten im Prozess anwesend sein, Fragen an alle ZeugInnen stellen, Antrag auf Akteneinsicht stellen, Beweisanträge stellen und einen Schlussvortrag halten.

Außerdem gibt es für besonders schutzbedürftige Verletzte zusätzlich die Möglichkeit der **psychosozialen Prozessbegleitung (§ 406g StPO).** Psychosoziale Prozessbegleitung ist eine besonders intensive Form der Begleitung vor, während und nach der Hauptverhandlung. Sie umfasst die Betreuung, Informationsvermittlung und Unterstützung im Strafverfahren. Damit soll vor allem die individuelle Belastung der betroffenen Person reduziert werden. Prozessbegleitung ersetzt also nicht die Anwältin oder den Anwalt.

Erklärungen der Abkürzungen:
StGB: Strafgesetzbuch
StPO: Strafprozessordnung

Regina Götz, Fachanwältin für Strafrecht, Mitglied im Republikanischen Anwältinnen- und Anwaltsverein. Rechtsgebiete: Strafrecht und Aufenthaltsrecht.

Literatur

Sexualisierte Gewalt, Sexueller Missbrauch und Behinderung

AG SPAK Ratgeber SelbstBehauptungsTraining für Frauen und Mädchen mit geistiger Behinderung. (2005).

Amann, Gabriele Amann, Wipplinger Rudolf: Sexueller Missbrauch. Überblick zu Forschung, Beratung und Therapie. Ein Handbuch.Dgvt-Verlag; Auflage: 3. überarbeitete und erweiterte Auflage (August 2005).

Amyna e.V. (Hrsg.): Sexualisierte Gewalt verhindern - Selbstbestimmung ermöglichen. Schutz und Vorbeugung für Mädchen und Jungen mit unterschiedlichen Behinderungen. München, 2. Aufl. 2009.

Amyna e.V. (Hrsg.): „War doch nur Spaß ...“? Sexuelle Übergriffe durch Jugendliche verhindern. München, 2014.

Becker, Monika . Sexuelle Gewalt gegen Mädchen mit geistiger Behinderung 2001, 2. Auflage).

Pia Bienstein & Karla Verlinden (Hrsg.) Prävention von sexuellem Missbrauch an Menschen mit geistiger Behinderung Ausgewählte Aspekte. Dokumentation der Fachtagung der DGSGB am 10. November 2017 in Kassel. Materialien der DGSGB Band 40 Berlin 2018https://dgsgb.de/downloads/materialien/Band40.pdf

Bundesministerium für Arbeit und Soziales (Hrsg.): Lebenssituation und Belastung von Männern mit Behinderungen und Beeinträchtigungen in Deutschland – Haushaltsbefragung – Abschlussbericht. Studie im Auftrag des Bundesministerium für Arbeit und Soziales, aktualisierte Fassung 2013.

Bundesministerium für Familie, Senioren, Frauen und Jugend (Hrsg.): Lebenssituation und Belastungen von Frauen mit Beeinträchtigungen und Behinderungen in Deutschland. Eine repräsentative Untersuchung im Auftrag des Bundesministeriums für Familie, Senioren, Frauen und Jugend (BMFSFJ), 2012.

Bundesministerium für Familie, Senioren, Frauen und Jugend (Hrsg.): Lebenssituation, Sicherheit und Gesundheit von Frauen in Deutschland. Ergebnisse der repräsentativen Untersuchung zu Gewalt gegen Frauen in Deutschland. Im Auftrag des Bundesministeriums für Familie, Senioren, Frauen und Jugend (BMFSFJ), 2004.

Bundesministerium für Familie, Senioren, Frauen und Jugend (Hrsg.): Gewalt gegen Männer: Personale Gewaltwiderfahrnisse von Männern in Deutschland – Ergebnisse der Pilotstudie. Forschungsverbund „Gewalt gegen Männer“, Berlin; 2004.

Bundesministerium für Familie, Senioren, Frauen und Jugend (Hrsg.): Gewalt gegen Frauen in Paarbeziehungen. Eine sekundäranalytische Auswertung zur Differenzierung von Schweregraden, Mustern, Risikofaktoren und Unterstützung nach erlebter Gewalt. Kursfassung. Im Auftrag des Bundesministeriums für Familie, Senioren, Frauen und Jugend (BMFSFJ), 2014. 5. Auflage.

Buscher, Michael: „Sexualisierte Gewalt gegen behinderte Mädchen und Jungen – Maßnahmen zur Gewaltprävention“ in: Dokumentation der Schulleiterkonferenz zum Thema Sexuelle Gewalt gegen behinderte Mädchen und Jungen am 24.April 2002 in der Abtei Brauweiler, S. 29–45. Quelle: www.lvr.de/schulen/service/sex_gewalt.pdf

Fegert, J.M. et al (Hrsg.), Sexueller Missbrauch von Kindern und Jugendlichen. Ein Handbuch zur Prävention und Intervention für Fachkräfte im medizinischen, psychotherapeutischen und pädagogischen Bereich. Springer-Verlag Berlin Heidelberg, 2015.

Gottwald-Blaser, Simone und Adelheid Unterstaller: Prävention all inclusive. Gedanken und Anregungen zur Gestaltung institutioneller Schutzkonzepte zur Prävention von sexuellem Missbrauch an Mädchen* und Jungen* mit und ohne Behinderung. AMYNA e.V. München 2017.

Jacob, Jutta, Köbsell, Swantje, Wollrad, Eske (Hrsg.) Gendering Disability: Intersektionale Aspekte von Behinderung und Geschlecht. Bielefeld, Transcript; 2010.

Kavemann, Barbara, Helfferich, Cornelia, Nagel, Bianca: „Reviktimsierung nach sexuellem Missbrauch“. In: Retkowski, Alexandra, Treibel, Angelika, Tuider, Elisabeth (Hrsg.): Handbuch Sexualisierte Gewalt und pädagogische Kontexte 2018, S. 858–867.

Sigrid Kwella: „Mädchen/Frauen mit Behinderungen“Workshop 3. Fachtagung „Prävention & Prophylaxe konkret“ , Bundesarbeitsgemeinschaft Prävention & Prophylaxe e.V., Angela May und Norbert Remus am 15.–16.11.1999 in Berlin

Mattke, Ulrike (Hrsg), Sexuell traumatisierte Menschen mit geistiger Behinderung: Forschung – Prävention – Hilfen. Stuttgart, Kohlhammer; 2015.

Ralf-Erik Posselt, „Deeskalationstraining Gewalt“ in: H.U. Brinkmann, S. Frech R.-E. Posselt (Hrsg.): Gewalt zum Thema machen: Gewaltprävention von Kindern und Jugendlichen, bpb bundeszentrale für politische Bildung, lpb Landeszentrale für politische Bildung Baden-Württemberg, Gewaltakademie Villigst, 2011, überarb. Erw. Neuauflage 2011, S. 199–221.

Reichmann, Udo, Sportiv Thema: Selbstbehauptung und Selbstverteidigung. Ernst Klett Schulbuchverlag; Leipzig, 1996.

Retkowski, Alexandrea, Treibel, Agelika, Tuider, Elisabeth (Hrsg:): Handbuch Sexualisierte Gewalt und pädagogische Kontexte. Theorie, Forschung, Praxis. Weinheim, Basel; Beltz Juventa, 2018.

Rettenberger, Martin und Axel Dessecker (Hrsg.): Sexuelle Gewalt als Herausforderung für Gesellschaft und Recht. KUP Kriminologie und Praxis, Bd.72. Wiesbaden, KRIMZ (Kriminologische Zentralstelle); 2017.

Dr. Monika Schröttle: Vortrag: Gewalt gegen Frauen mit Behinderungen – Ausmaß, Ursachen, Prävention. Ergebnisse der repräsentativen Studie im Auftrag des BMFSJ. Fachtag Reutlingen, 18.10.2013.

Scheinbar nirgendwo und doch überall – Sexuelle Gewalt an Mädchen und Frauen mit Behinderungen. Dokumentation der Fachtagung vom 25. November 2004. Hrsg von: Senatsverwaltung für Wirtschaft, Arbeit und Frauen Berlin. Dokument unter: www.frauennotrufe.de als pdf.

Selbstbewusstsein von Mädchen und Frauen mit Behinderung (§44 SGB IX): Erfahrungen-Erkenntnisse-Visionen-. Dokumentation der Fachkonferenz 14.–15.Oktober 2005, Düsseldorf. Bearb. Theresia Degener, Christina Dick.

Süssenbach, Philipp: „Vergewaltigungsmythen und Entscheidungen in Vergewaltigungsfällen: Eine Übersicht mit Metaanalyse" In: Recht und Psychiatrie: R & P. Köln; Bd. 34, Jg. 2016. S. 35–42.

Zemp, Aiha, Erika Pircher: Weil das alles weh tut mit Gewalt: Sexuelle Ausbeutung von Frauen und Mädchen mit Behinderung. Schriftenreihe der Frauenministerin, Bd. 10 Sept. 1996. Wien 1996.

Zemp, Aiha, Erika Pircher, Heinz Schoibl: Sexualisierte Gewalt im behinderten Alltag: Jungen und Männer mit Behinderung als Opfer und Täter. Bundesministerium für Frauenangelegenheiten und Verbraucherschutz; August 1997. Wien 1997.

Täterstrategien

Deegener, Günther: Sexueller Missbrauch: Die Täter. Beltz, 1995.

Enders, Ursula (Hg.) Grenzen achten: Schutz vor sexuellem Missbrauch in Institutionen. Einhandbuch für die Praxis. Kiepenheuer und Witsch, Köln; 1012.

Heiliger, Anita: Täterstrategien und Prävention. München; Frauenoffensive, 2000.

Manfred Karremann, Es geschieht am hellichten Tag. Köln; DuMont Buchverlag, 2007.

Salter, Anna, Dunkle Triebe. Wie Sexualtäter denken und ihre Taten planen. München; Goldmann, 2006.

Tschan, Werner, Sexualisierte Gewalt: Praxishandbuch zur Prävention von sexuellen Grenzverletzungen bei Menschen mit Behinderungen. Verlag Hasn Huber, Hogrefe AG; Bern 2012.

Selbstverteidigung und Täter

Bongartz, Ralf, Nutze deine Angst: Wie wir in Gewaltsituationen richtig reagieren. Frankfurt; fischer tb, 2013.

de Becker, Gavin, Mut zur Angst: Wie Intuition uns vor Gewalt schützt. Frankfurt am Main; Fischer Taschenbuch Verlag GmbH, 2001.

Nolting, Hans-Peter, Lernfall Aggression: Wie sie entsteht – wie sie zu vermindern ist. Eine Einführung. Reinbek bei Hamburg, Rowohlt Taschenbuchverlag; 2. Aufl. 2007.

Nolting, Hans-Peter, Psychologie der Aggression. Reinbek, rowohlt; 2015

Stefan Werner, Trainingshandbuch Konfliktmanagement: Konflikte in Schule und sozialer Arbeit angemessen lösen. Weinheim und Basel; Beltz Juventa, 2013.

Stefan Werner: Konfrontative Gewaltprävention:Pädagogische Formen der Gewaltbehandlung. Weinheim und Basel, Beltz Juventa; 2014.

Lebenswelten

Strähle, Borghild. „Vom Abenteuer, Frau zu werden – mit Behinderung“. In: Färber, H.-P.; Lipps, W.; Seyfarth,T. (Hrsg.): Vom Abenteuer, erwachsen zu werden: Soziale Kompe-tenzen erwerben, erweitern, stärken. Tübingen; Narr Francke Attempto, 2006. S. 224–234.

Selbstverteidigung und Selbstbehauptung

Götz, Barbara, Späth, Gabi: Ich bin stark! Selbstverteidigung für Mädchen. Würzburg; Arena-Verlag, Neuauflage 2017.

Götz, Barbara, Schulz, Heike: Mit Grips und Muckis sicher durch die Welt: Sicherheit und Selbstbewusstsein für Mädchen. Dokumentation und Spielfilm (DVD), prod. im Auftrag der tima e.V. (Tübinger Initiative für Mädchenarbeit), Tübingen 2004.

B.Götz, B.Strähle, G.Späth: mutig laut und selbstbewusst: Selbstbehauptung und Selbstverteidigung für Mädchen mit Behinderungen. Interaktive CD, Tübingen 2004.

AG Freitzeit e.V. (Hrsg.). Selbstbehauptungstrainings für Mädchen und Frauen mit geistiger Behinderung. AK SPAK Bücher, Neu-Um 2005.

Trigger

Andrea Durner,: „Frequently Asked Questions zum Thema Trigger.“ Andrea Durner, Wendo-Trainerin und Heilpraktikerin für Psychotherapie mit traumatherapeutischen Zusatzausbildungen, hat diese Ausarbeitung zusammengestellt. Sie kann auf ihrer Homepage www.koerperpsychotherapie-durner.de oder www.wendo-stuttgart.de angefragt werden.

Hennicke, Klaus (Hrsg.) Seelische Verletzung (Trauma) bei Menschen mit geistiger Behinderung Ausgewählte Aspekte. Dokumentation der Arbeitstagung der DGSGB am 14. November 2014 in Kassel. Materialien der DGSGB Band 33, Berlin 2015 https://repository.publisso.de/resource/frl:6093171-1/data

Körpersprache

Heidemann, Rudolf: Körpersprache im Unterricht.ein Ratgeber für Lehrende. Wiebelsheim; Quelle &Meyer Verlag, 9. Aufl. 2009.

Mühlen Achs, Gitta: Geschlecht bewußt gemacht. Körpersprachliche Inszenierungen. Ein Bilder- und Arbeitsbuch. München; Frauenoffensive, 1998.

Mühlen Achs, Gitta: Wer führt? Körpersprache und die Ordnung der Geschlechter. München; Frauenoffensive, 2003.

Joe Navarro: Menschen lesen: Ein FBI-Agent erklärt, wie man Körpersprache entschlüsselt. München; mvg-Verlag, 2011.

Brigitte Sellach: „Die Bedeutung des Selbstbewusstseins für die Teilhabe behinderter Frauen am Arbeitsleben und dem Leben in der Gemeinschaft und deren Förderung in der beruflichen und sozialen Rehabilitation." In: Selbstbewusstsein von Mädchen und Frauen mit Behinderung (§44 SGB IX): Erfahrungen-Erkenntnisse-Visionen. Dokumentation der Fachkonferenz 14.–15.Oktober 2005, Düsseldorf. Bearb. Theresia Degener, Christina Dick. S. 29–36.

Andrea Durner; „Deeskalationstraining – Konfrontationstraining." Unveröff. Manuskript, Stuttgart, neubearb. Fassung 2015.

Zum Thema Beleidigungen

Bauer, Joachim: Das Gedächtnis des Körpers: Wie Beziehungen und Lebensstile unsere Gene steuern. München, Piper; 11. Aufl. 2007.

Wardetzki, Bärbel: Ohrfeige für die Seele: Wie wir mit Kränkung und Zurückweisung besser umgehen. Kösel-Verlag; Auflage: 10 (21. April 2014)

Materialien

Materialien für die Arbeit mit Frauen

Wildwasser Würzburg e.V. (Hgi.),:Richtig wichtig – Stolz und stark: Ein FrauenBilderLeseBuch über sexuelle Gewalt. Köln; verlag mebes & noack, 2007

Materialien für die Arbeit mit Kindern und Mädchen

Braun, Gislea, Keller, Martina, ich sag Nein: Arbeitsmaterialien gegen den sexuellen Missbrauch an Mädchen und Jungen. Verlag an der Ruhr. Neuauflagen. https://www.verlagruhr.de/ich-sag-nein.html

S. Blattmann, G. Hansen: Ich bin doch keine Zuckermaus. Köln; mebes&noack, 2004.

Enders,U., Boehme, U., Wolters, D.: Lass das – Nimm die Finger weg. Weinheim; anrich, 1997. (Ein Klassiker, eignet sich hervorragend, da unterschiedliche Situationen und deren Lösungen vorgestellt werden, ab 4. Klasse.)

Wildwasser Würzburg e.V. (Hgi.), Anna ist richtig wichtig. Ein Bilder- und Vorlesebuch für Mädchen über sexuelle Gewalt. Köln; verlag mebes & noack, 2007.

Zum Thema Nein sagen oder Körpersprache

G. Braun, D. Wolters: Das große und das kleine NEIN. Mühlheim; Verlag an der Ruhr, 1991. Überarb. Auflage 2009.

Braun, Gisela, Wolters, Dorothee, Melanie und Tante Knuddel, mebes & noack; Auflage: Neu bearb. Aufl. (1. Juni 2006)Zum Thema Körpersprache

„Nein ist Nein: Jedes Mädchen hat ihre eigene Art NE!N zu sagen“ von Zartbitter Köln. Zu finden bei: https://www.zartbitter.de/gegen_sexuellen_missbrauch/Praeventionstheater/600_maedchen_jungen_praeventionsmaterialien.php

Zum Thema Beleidigungen

E. Schreiber-Wicke, C. Holland: Achtung! Bissiges Wort. Stuttgart; Thienemann, 2004. Geeignet für Grundschule, 1.–2-Klasse.

Zum Thema Berührungen

P. Mönter, S. Wiemers, Küssen nicht erlaubt. Freiburg; KeRLE im Verlag Herder, 1999. Neuauflage. (Geeignet für Grundschule, 1.–2-Klasse.)

Mädchen mit Behinderungen

Elmer, Corina, Fries, Brigitte, Hrsg. Limita: Alles Liebe? eine Geschichte über Freundschaft, Achtung und Gewalt. Luzern; interact Verlag, 2010. Für jugendliche Mädchen geeignet.

Wildwasser Würzburg e.V. (Hgi.), Anna ist richtig wichtig. Ein Bilder- und Vorlesebuch für Mädchen über sexuelle Gewalt. Köln; verlag mebes & noack, 2007.

Links

www.praevention.org/sexuelle_gewalt.htm

www.frauennotrufe.de

https://www.frauen-gegen-gewalt.de

https://www.frauen-gegen-gewalt.de/de/was-ist-das-228.html-das-228.html

Links für Material

Leporellos: „Nein ist Nein: Jedes Mädchen hat ihre eigene Art NE!N zu sagen“

Zartbitter Köln

https://www.zartbitter.de/gegen_sexuellen_missbrauch/Aktuell/100_index

https://zartbitter-shop.de/shop/nein-ist-nein-selbstbehauptungstipps-fuer-maedchen/

oder:

https://www.zartbitter.de/gegen_sexuellen_missbrauch/Praeventionstheater/600_maedchen_jungen_praeventionsmaterialien.php

Raum für Notizen

Raum für Notizen

Raum für Notizen

Raum für Notizen

Raum für Notizen

Lösungen erfinden ...

Filip Caby / Andrea Caby

Die kleine Psychotherapeutische Schatzkiste • Teil 1

Tipps und Tricks für kleine und große Probleme vom Kindes-, Jugend- und Erwachsenenalter

„Das handliche Buch ist hervorragend geeignet, immer wieder eine einzelne Intervention herauszugreifen, sich mit ihr zu beschäftigen und zu üben. Dabei erheben die Cabys getreu dem systemisch-lösungsorientierten Ansatz keineswegs den Anspruch, das allein selig machende Rezept erfunden zu haben. Sie sprechen freundliche Einladungen aus, was daraus wird, bleibt jedem selbst überlassen. Wahre Kompetenz lässt sich nicht verbergen. Deshalb mein Tipp: Greifen Sie zu, lassen Sie die exzellenten Anregungen wirken und probieren Sie aus, was Ihnen schmeckt. Finden Sie ganz im Sinne Milton Ericksons die Lösungen, von denen Sie NOCH nicht wissen, dass Sie sie kennen!" Monika Bohn, Oberursel

„Meines Erachtens darf dieses kompakte Sammelsurium 'spannender und aufregender' Interventionen in keinem Bücherregal eines Praktikers fehlen. Insgesamt kann ich konstatieren, dass das Buch 'up-to-date' ist auf dem systemischen Büchermarkt." Dennis Bohlken, systemagazin.

4., überarb. und erw. Auflage 2017, 224 S., Format 16x23cm, Ringbindung | **ISBN 978-3-942976-18-3** | **Bestell-Nr. 9403** | **19,95 Euro**

Andrea Caby / Filip Caby

Die kleine Psychotherapeutische Schatzkiste • Teil 2

Weitere systemisch-lösungsorientierte Interventionen für die Arbeit mit Kindern, Jugendlichen, Erwachsenen oder Familien

Das bietet die zweite Schatzkiste: • Neue Interventionen • Neue Indikationen • Erweiterung der Topics aus Band 1 • Noch mehr Beispiele! Die Arbeit mit Kindern, Jugendlichen, Erwachsenen, Familien oder Gruppen fordert den Therapeuten, Psychologen, Arzt, Pädagogen oder Berater immer wieder aufs Neue heraus ... Für jede noch so ungewöhnliche Herausforderung eine Idee zu haben, kreativ und flexibel reagieren zu können und dabei möglichst lösungsorientiert zu sein, ist nicht immer einfach. Aber es kann durchaus leichter werden, wenn erprobte Interventionen, besondere Fragen oder „verstörende" Kommentare griffbereit sind. Dies ist auch das Anliegen der Autoren in diesem zweiten Band – einer Übersicht über weitere originelle Ideen und Handlungsmöglichkeiten im beratenden oder therapeutischen Alltag. Mit etwas Phantasie, wohl platzierten Worten, einer Portion Humor, gewohnten Dingen oder unerwarteten Aktionen kann ein Gespräch plötzlich eine andere Wendung bekommen, eine Perspektive entstehen oder der Klient bzw. Patient erneut zum Nachdenken angeregt werden.

3., durchges. Auflage 2017, 256 S., farbige Abb., 16x23cm, Ringbindung | **ISBN 978-3-942976-23-7** | **Bestell-Nr. 9423** | **19,95 Euro**

Christiane Born-Kaulbach / Tido Cammenga / Joachim Welter (Hrsg.)

Wundersame Wandlungen zur Selbstwirksamkeit

Neue lösungsfokussierte Strategien der Begleitung von Kindern, Jugendlichen und Familien am Beispiel der Jugendhilfe – genial einfach – einfach genial

„Ob Sie im Bereich der Jugendhilfe, des Jugendamtes, von Beratungsstellen, Kinder- und Jugendpsychiatrien, Einrichtungen für Menschen mit körperlichen und/ oder geistigen Einschränkungen oder auch in der Schule arbeiten, in diesem Buch werden Sie Anregungen finden, mit deren Hilfe Sie Bewährtes festigen und Neues erkunden und ausbauen können. Drei Einrichtungen unterschiedlicher Größe öffnen ihre Schatzkisten, um Sie zu ermutigen, sich davon anregen zu lassen und eigene Wege zu entwickeln. Hier werden lösungsfokussierte Verfahrensweisen und Methoden mit vielen Praxisbeispielen und Erläuterungen vorgestellt, die auf über 20 Jahren Erfahrung, Auswertung und Entwicklung beruhen. Die Verfahrensweisen ermöglichen es Ihnen, die Qualität Ihrer Kern-Arbeitsabläufe an den Schaltstellen der modernen Wirkungs- und Resilienzforschung auszubauen." Schweizerische Zeitschrift für Heilpädagogik

„Ein spannendes, kompaktes und optimistisches Buch, das den Blick auf schwierige Kinder und Jugendliche und den Blick auf die Möglichkeiten der Heimerziehung verändern und revolutionieren kann." Prof. Dr. Lilo Schmitz, socialnet.de

2. Aufl. 2020, 400 S., farbige Abb., Format 16x23cm, fester Einband
ISBN 978-3-8080-0768-6 | **Bestell-Nr. 4357** | **26,95 Euro**

Felicitas Bergmann / Delphine Bergmann

Krimskrams und Co.

Besondere und alltägliche Gegenstände in der Kindertherapie und Elternberatung

Wer „Schatzkisten" hat braucht auch „Krimskrams" ...

„Beide Autorinnen wenden sich aus der Praxisperspektive an die Leserschaft. Man erkennt es bereits beim Querlesen an dem Ideenreichtum und der eingängigen Struktur. Der Aufbau des Nachschlagewerkes ist selbsterklärend und einfach. ...Als angehende Verhaltenstherapeutin für Kinder- und Jugendlichenpsychotherapie möchte ich dieses Buch als sehr geeignet für den Praxisalltag bewerten. Es ist ein übersichtlicher Helfer bei schnellen Planungsabläufen im Therapiealltag für einen vergleichsweise geringen Anschaffungspreis.

Besonders wertvoll empfinde ich die Beispiele für die Psychoedukation zu verschiedenen Störungsbildern. Zudem regt das Buch dazu an, beschriebene Interventionen kreativ zu erweitern und eigene Methoden zu kombinieren. ... Insgesamt empfehle ich dieses Buch als bereichernde Grundausstattung für jede Kindertherapiepraxis." Yvonne Schulte, Verhaltenstherapie mit Kindern und Jugendlichen – Zeitschrift für die psychosoziale Praxis

2. Aufl. 2020, 256 S., Format 16x23cm, Klappenbroschur, Alter: ab 5
ISBN 978-3-8080-0791-4 | **Bestell-Nr. 4361** | **19,95 Euro**

Schleefstraße 14, D-44287 Dortmund
Telefon 02 31 12 80 08, Fax 02 31 12 56 40
E-Mail: info@verlag-modernes-lernen.de
Leseproben und Bestellen im Internet: www.verlag-modernes-lernen.de